国家出版基金项目
NATIONAL PUBLICATION FOUNDATION

十二五国家重点出版物出版规划项目

走向世界丛书

主编　钟叔河　曾德明　杨云辉

FROM EAST TO WEST

韩国钧实业界之九十日

伍成泉　校点

岳麓書社 · 长沙

作者韩国钧像

《实业界之九十日》书影

光緒三十二年五月印刷
光緒三十二年五月發行

正價洋九角
洋裝加三角

著作兼發行者 泰州韓國鈞紫石

日本東京市神田區仲猿樂町四番地
印刷所 東京秀光社

發行所 上海商務印書館
上海文明書局
河南開封府總派報處

總發行所 上海四馬路開明書店

東京市圖
北
豐
島
郡
豐
多
摩
荏
原
小石川區
本鄉區
下谷區
淺草區
本所區
牛込區
神田區
麴町區
四谷區
宮城
日本橋區
深川區
新宿
赤坂區
麻布區
芝區
京橋區
月島
隅田川
中川
品川

韩宝瑄手绘东京市图

作者之子韩宝瑄手绘生野太盛山矿脉

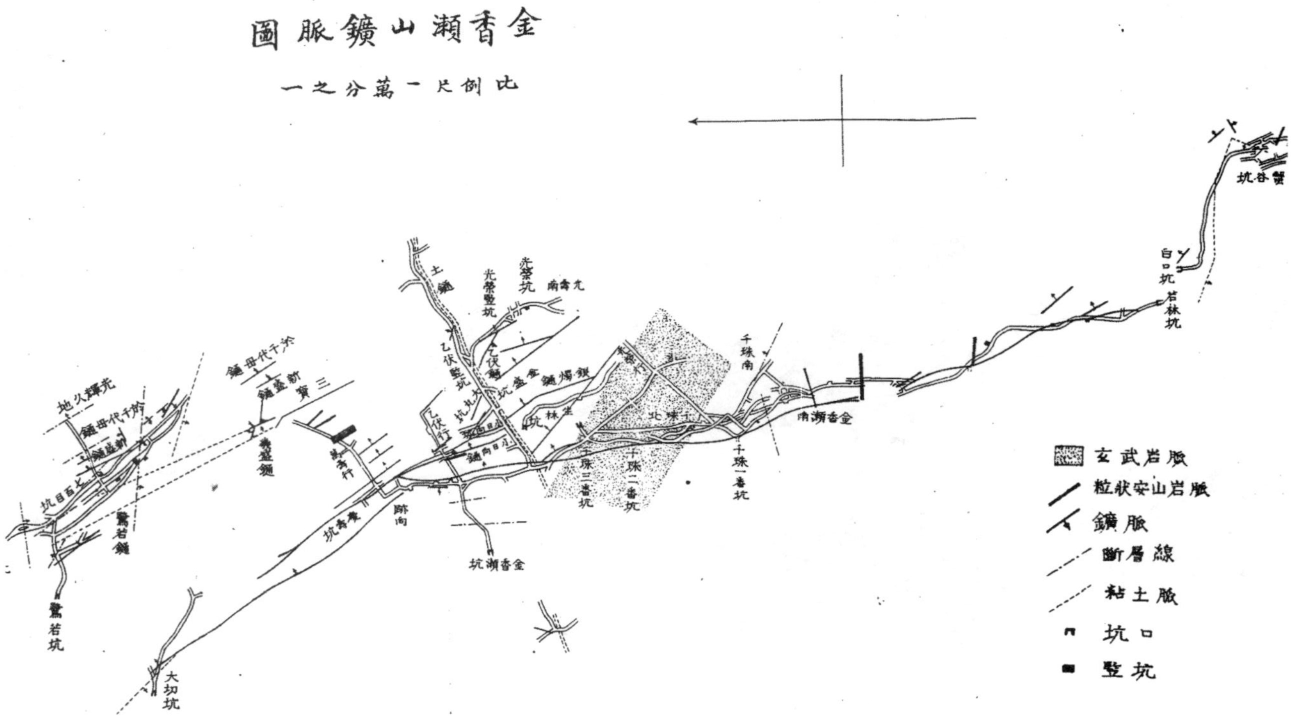

作者之子韩宝瑄手绘金香瀬山矿脉图

铁索器械内部图

铁索搬运（缆车）图

日光町全景

日光町全景

神橋

雙輪塔

山過東照宮大猷院至德川將軍墓所一路松杉蔚然拔起數十尋隨山陂陁而上濃陰蔽天愈高愈繁歸見夕陽遙掛樹杪

神桥双轮塔（原书摄影）

東照宮陽明門

金碧交映返時天氣驟寒此行與日人岩村成中君俱蓋外務省岩村成允之弟其兄屬之爲先導者也

東照宮內部

东照宫

三代公二天门

钟楼

东照宫与院石陛

含满淵

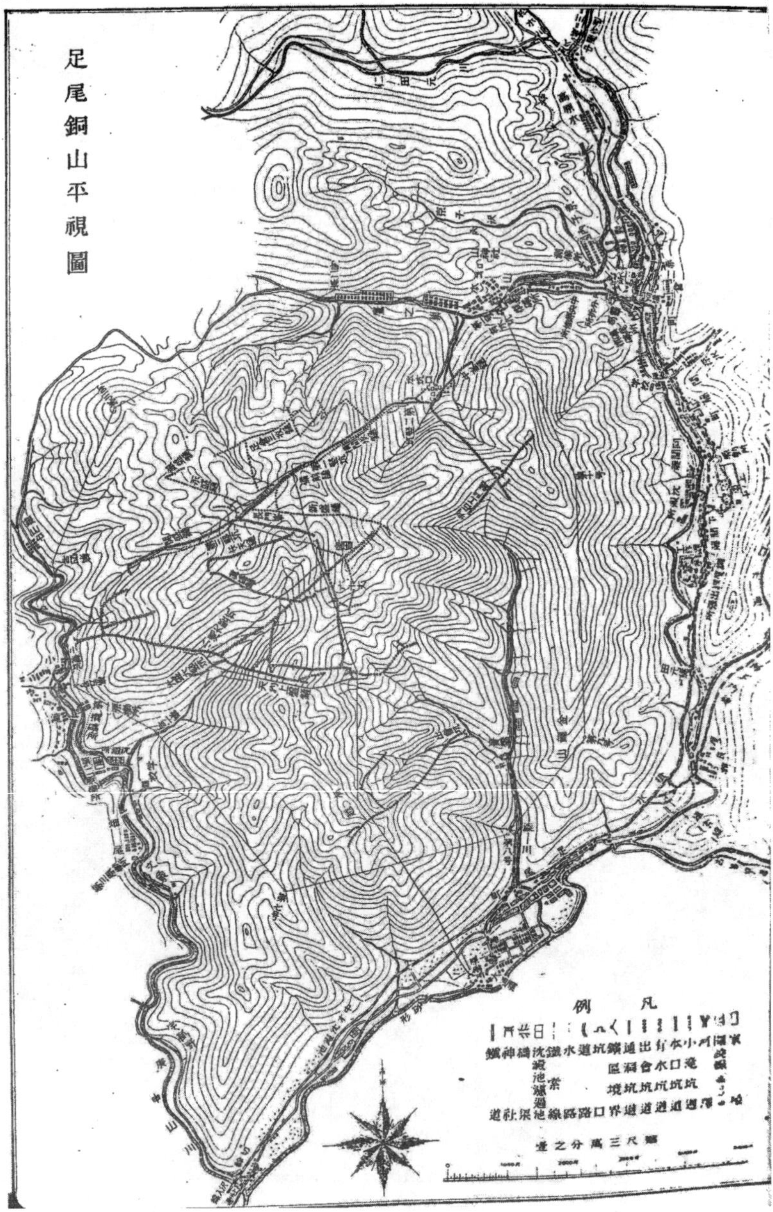

足尾铜山平视图

本山表门

古河桥

有木坑口

选矿所内部细图

有木坑内步道

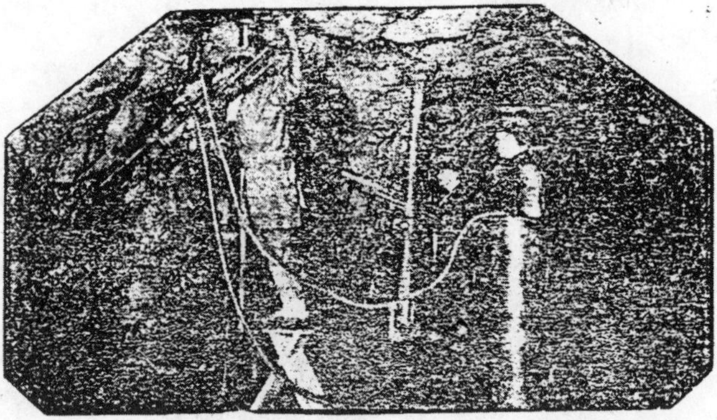

凿岩机

选矿内部

回转手选台

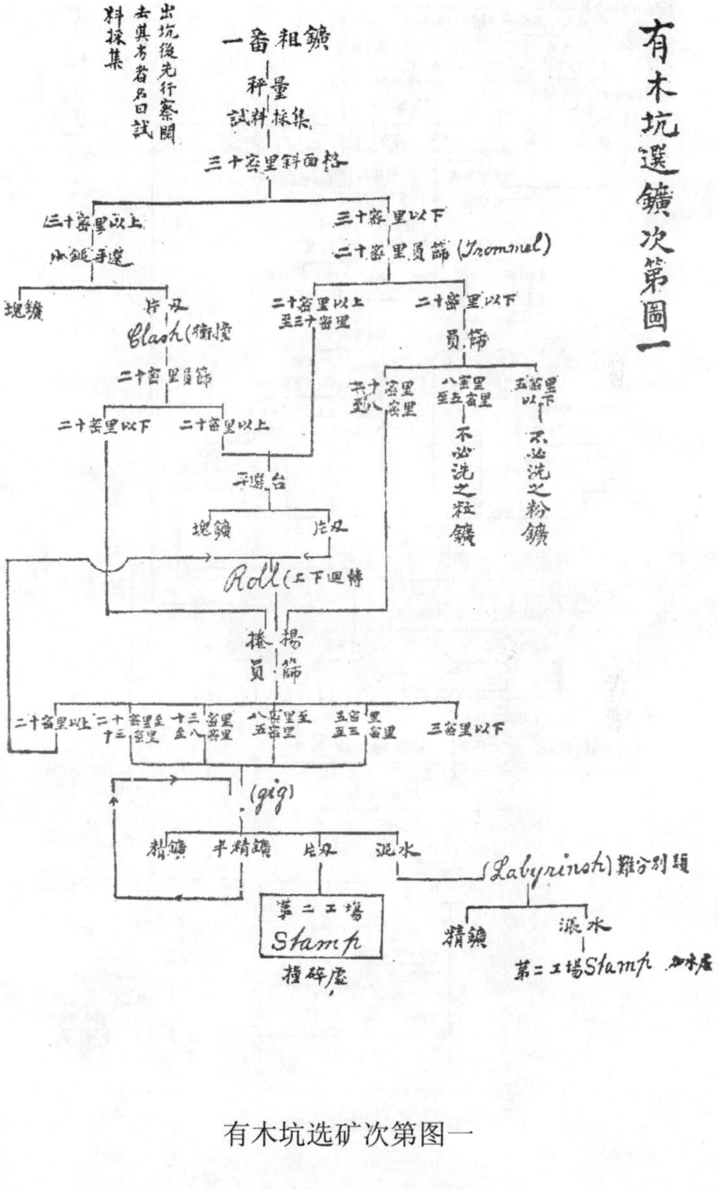
有木坑選鑛次第圖一
出坑後先行察閱去其劣者名曰試料採集
一番粗鑛
秤量
試料採集
三十密里斜面格
三十密里以上
三十密里以下
二十密里圓篩(Trommel)
塊鑛
片刄
Clash
二十密里圓篩
二十密里以下
二十密里以上
二十密里以上至三十密里
二十密里以下
圓篩
不必洗之粒鑛
不必洗之粉鑛
手選台
塊鑛
片刄
Roll
捲揚
圓篩
二十密里以上
三密里以下
(gig)
精鑛
半精鑛
片刄
泥水
(Labyrinsh)
精鑛
泥水
Stamp
搗碎處
第二工場Stamp

有木坑选矿次第图一

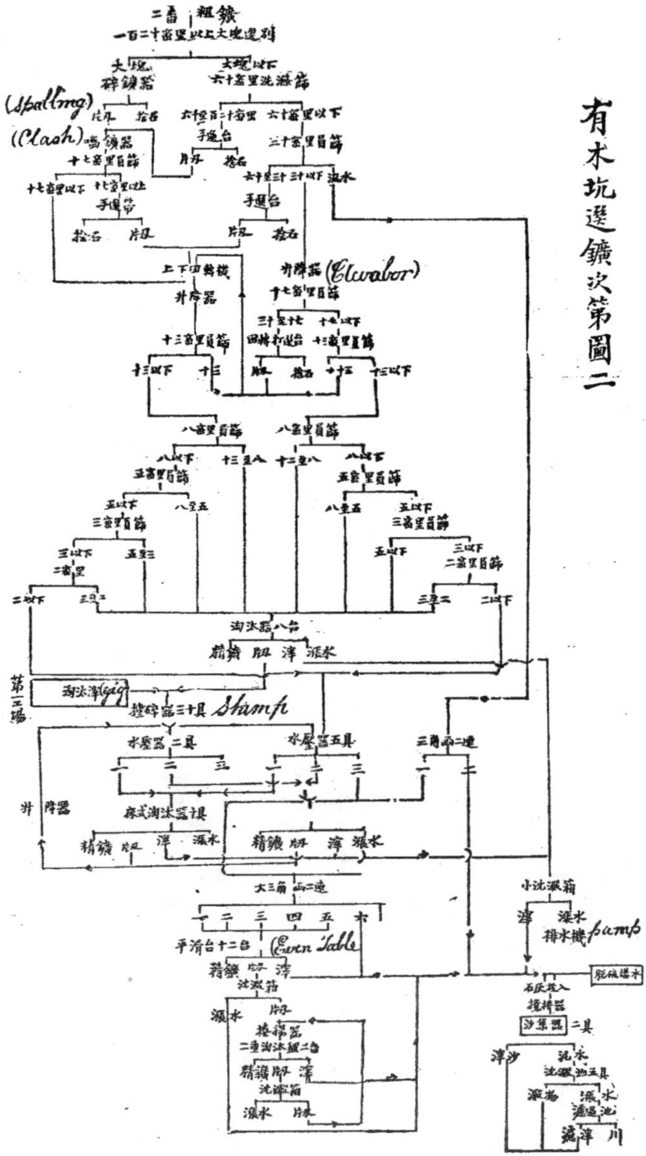
有木坑選鑛次第圖二
粗鑛
(Spalling)
(Clash)
升降器(Elevator)
Stamp
水壓器二具
水壓器五具
精鑛
平滑台十二台 Even Table
小沈澱箱
排水機 pump
沙集器 二具

有木坑选矿次第图二

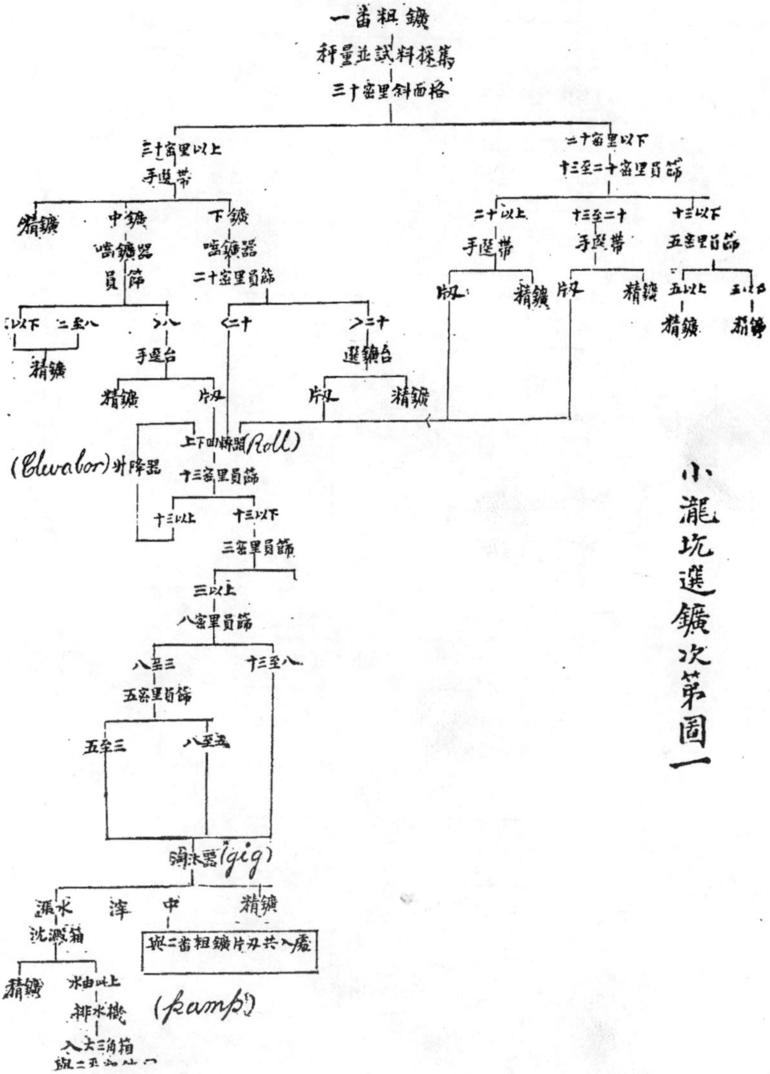
小瀧坑選鑛次第圖一
一番粗鑛
秤量並試料採集
三十密里斜面格
三十密里以上
手選帯
二十密里以下
十三至二十密里員篩
精鑛
中鑛
下鑛
手選台
選鑛台
片双
(Elevator)升降器
上下回轉器(Roll)
十三密里員篩
三密里員篩
八密里員篩
五密里員篩
(gig)
精鑛
(kamp)
排水機

有小泷坑选矿次第图一

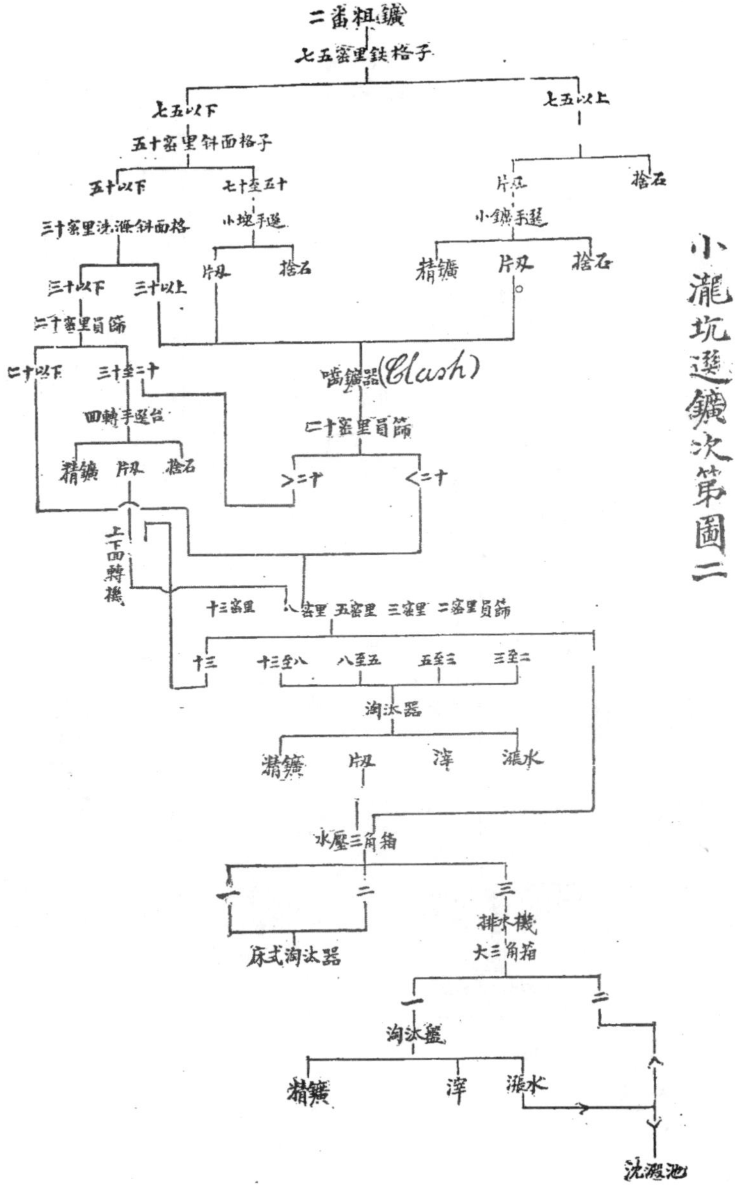
小瀧坑選鑛次第圖二
二番粗鑛
七五密里鉄格子
七五以下
七五以上
五十密里斜面格子
五十以下
七十至五十
片双
捨石
小塊手選
小鑛手選
三十密里洗滌斜面格
片双
捨石
精鑛
片双
捨石
三十以下
三十以上
二十密里目篩
二十以下
三十至二十
回轉手選台
精鑛
片双
捨石
嚙鑛器(Clash)
二十密里目篩
>二十
<二十
上下回轉機
十三密里
八密里
五密里
三密里
二密里目篩
十三
十三至八
八至五
五至三
三至二
淘汰器
精鑛
片双
滓
泥水
水壓三角箱
一
二
三
床式淘汰器
排水機
大三角箱
一
二
淘汰盤
精鑛
滓
泥水
沈澱池

小泷坑选矿次第图二

小泷全景（其一）

小泷全景（其一）

炼制熔矿炉外部

炼制熔矿炉内部

鎔鑛爐內部

製銅爐壓氣機

煽風機

炼矿设备

鑄銅型

製鍊水路樋橋

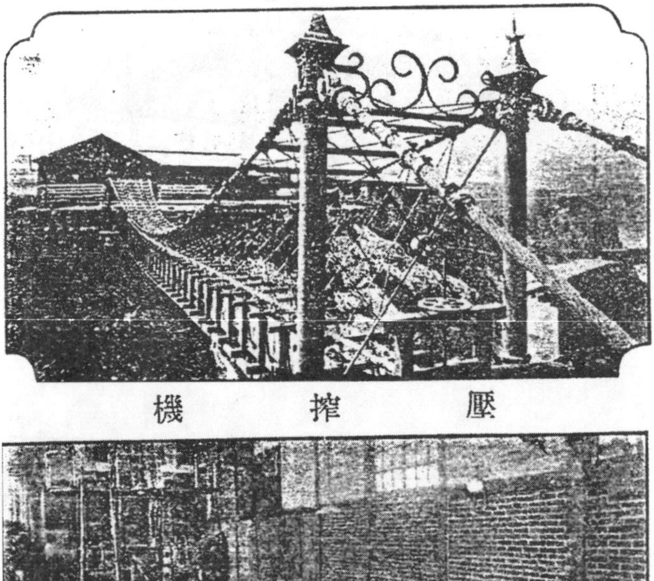

壓搾機

通洞全景（其一）

通洞全景（其二）

中才沈澱池

沉淀池等矿山设施

中才濾過池

向間藤上層沈澱池

脫硫塔全景

过滤池等矿山设施

電氣原動所

通洞坑口

通洞第二選鑛工場

电气原动所等矿山设施

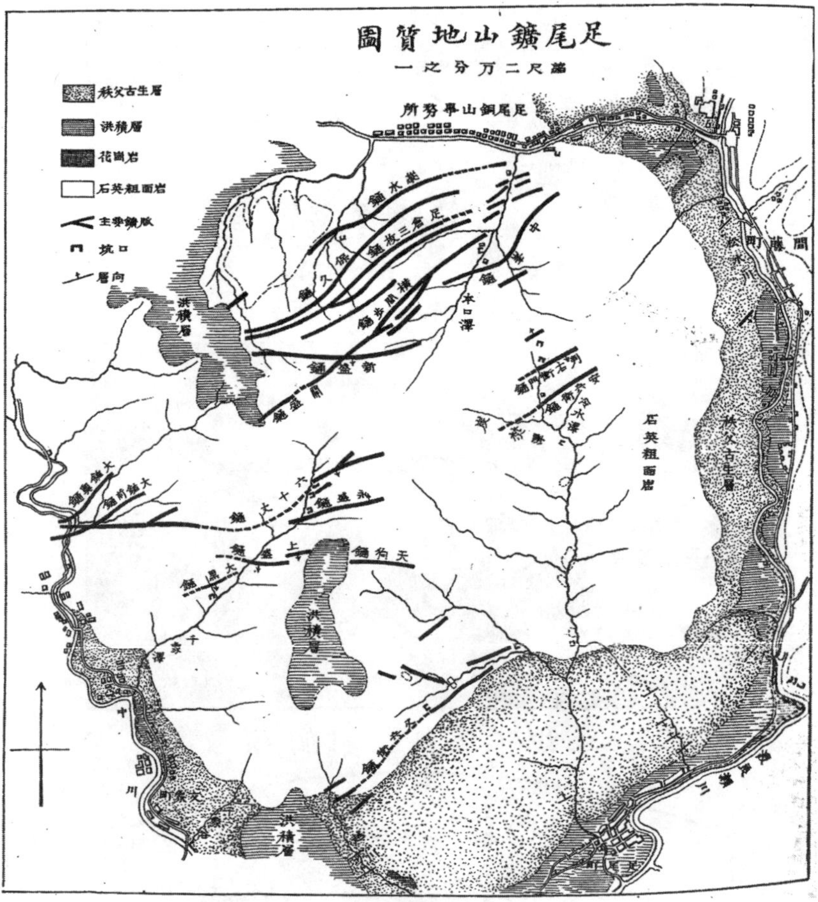
足尾鑛山地質圖
縮尺二万分之一
秩父古生層
洪積層
花崗岩
石英粗面岩
主要鑛脈
坑口
層向
足尾銅山事務所
洪積層
石英粗面岩
秩父古生層

足尾矿山地质图

足尾铜矿业主古河市兵卫及子

盐原

日光灵庙

日光华岩泷

四十五分至西那須野叉易馬車六時抵鹽原途中所歷自關谷而北山廻路轉高下不一所行路倚山傍溪日夕以後昏不見人惴惴惟恐或

鹽澤橋

天狗巖

墜西風吹面寒不可禁抵厲倦極欲睡山溪急流終夜如吼是日浴溫泉

十月一日晨七時三十分出門西行遇天狗巖見溫泉迤

原书插图

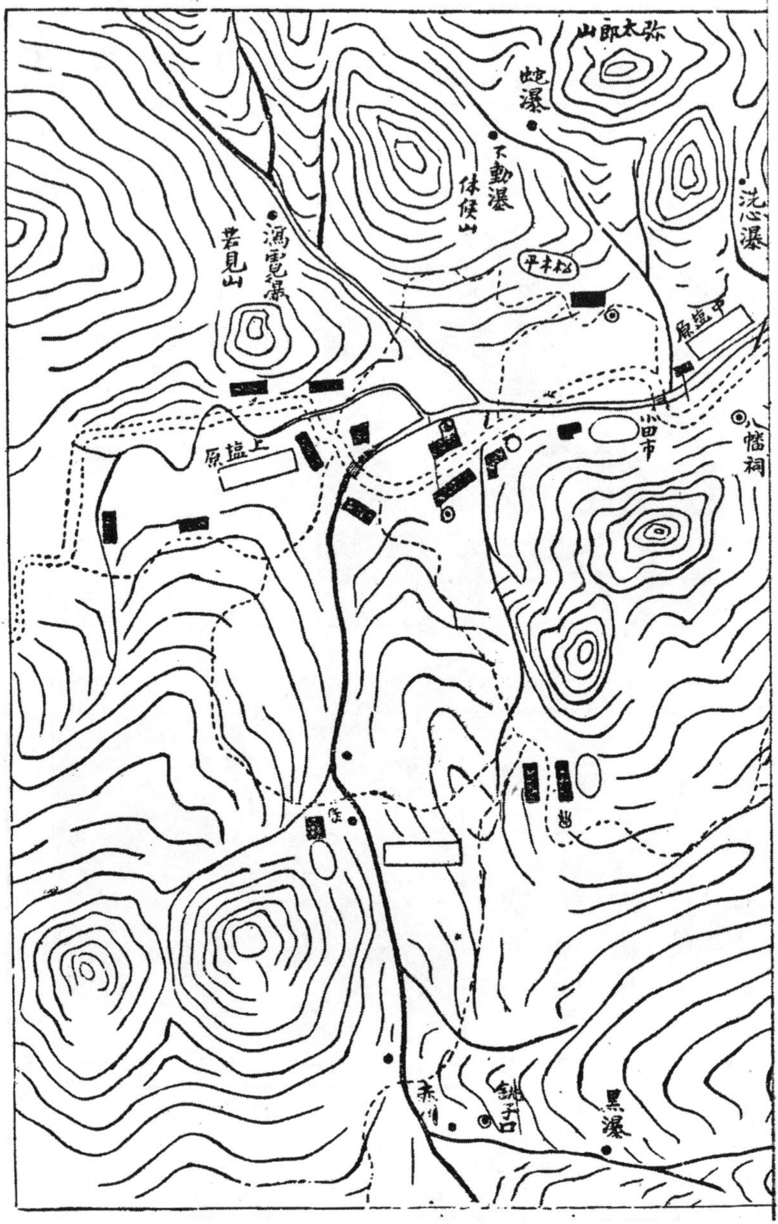

盐原地形图

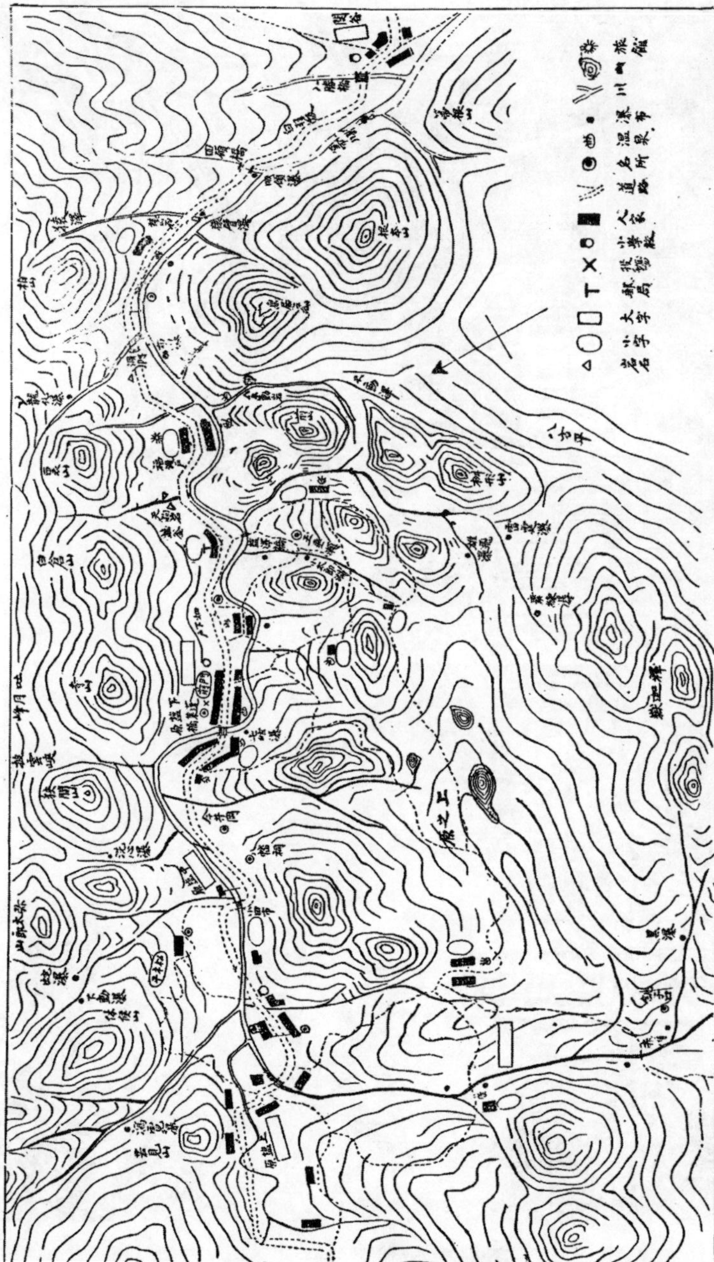

盐原全图

东京高等师范学校

日本火山圖
始原紀層
火山脈
活火山
息火山
北海道
青森
秋田
岩手
山形
福島
新潟
茨城
神奈川
千葉
静岡
岐阜
愛知
滋賀
兵庫
大阪
島根
廣島
山口
和歌山
高知
福岡
宮崎
鹿兒島
八丈島

日本火山图

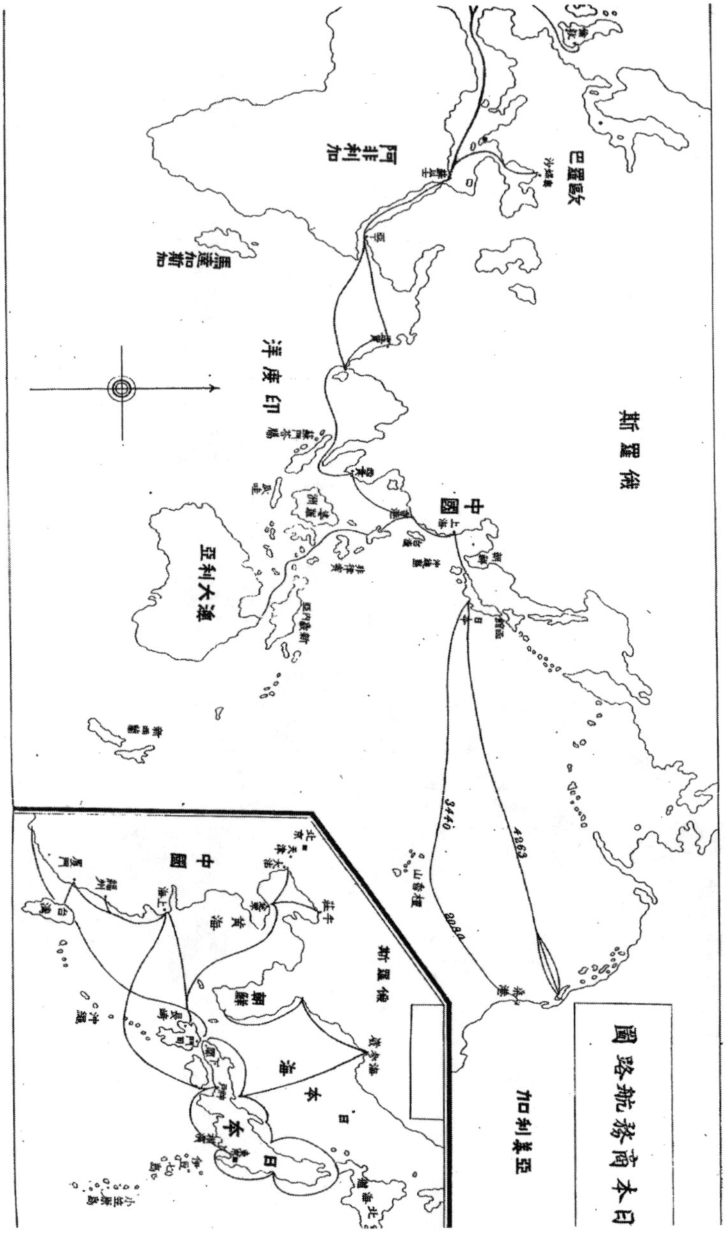

作者手绘日本商务航路图

东京帝国大学

東京市淀橋淨水塲全景

沈澄池引入口水門

砂利洗滌塲

东京市淀桥净水厂等

濾過池

淨水池入口

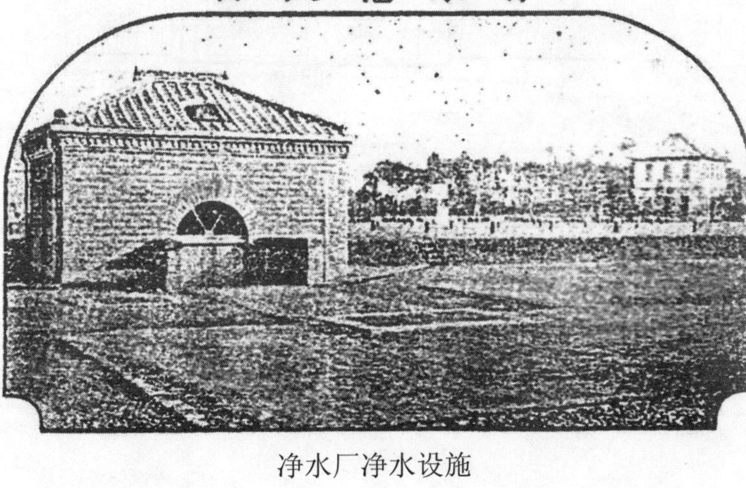

净水厂净水设施

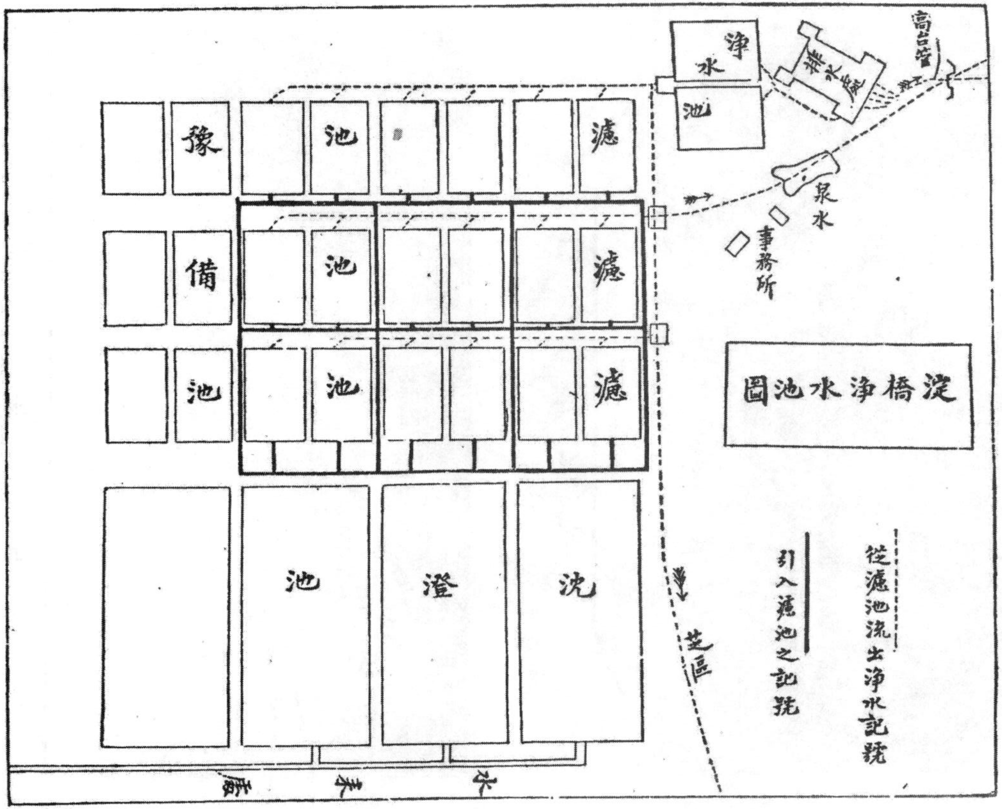

净水池示意图

生野鑛山全景

太盛山選鑛所

金香瀬山全景

加盛山選鑛所

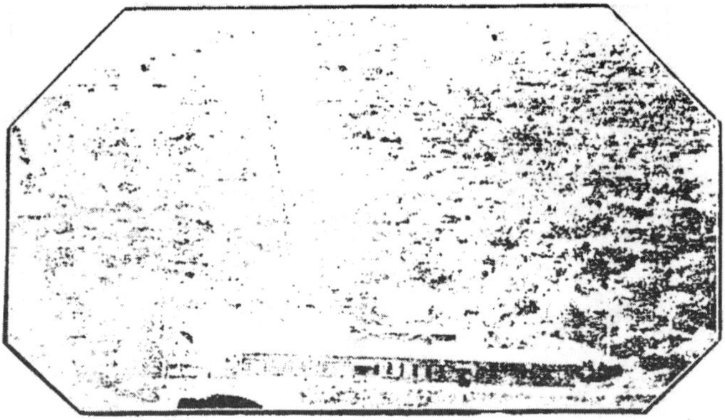

汰鑛所

沈澱所

鎔鑛所

銅選鑛所

長谷發電所内部[illegible]

长谷发电所设施

本册总目□

丛书新序□

钟叔河

二〇一三年十月

"走向世界丛书"一百种，只收晚清时期 from east to west（从东方到西方）的记述，这并不等于说，只有十九世纪末二十世纪初的中国人，才需要面对走向世界的问题。

纵观人类历史，走向世界决不是什么地区性和阶段性的活动，而是不断出现在全人类发展进步过程中并与之同步的历史现象。一百万年前，人类开始从非洲进入亚洲和欧洲，一万年前，又从亚洲进入北美洲和大洋洲，就是在不断地走向世界。

从有史以来的文献、文物看，三千多年前的《奥德赛》和《出埃及记》，说的是古希腊人和以色列人走向世界——走向地中海和巴勒斯坦。两千多年前的《史记》和《汉书》，写了张骞和后来汉朝“益发使”走向世界——曾走到罗马在西亚的边陲。一千三百年前的《大秦景教流行中国碑》、七百年前的《马可·波罗游记》和四百年前的《利玛窦中国札记》，记下了阿罗本、马可·波罗、利玛窦的 from west to east，这和 from east to west 一样，都是在走向世界。

人类曾因地理、种族、制度、意识形态等原因而互相分离，甚至隔绝。夜郎国的君长初见汉使时问：“汉孰与我大?”当是时，夜郎的世界僻处黔西，其“大”可知；连夜郎都未入版图，则汉之“大”亦远不如今之中国。但人为万物之灵，为了求生存谋发展，总不能老守着自己的一亩三分地，总会要想方设法走向世界——走向更广阔的外部世界。于是，汉要“通西南夷”，要前往原来“道险终不能有”的夜郎；夜郎要问“汉孰与我大”，要想改变原来“不知汉广大”的状况。由互相隔绝变而互相接近，互求了解，这就是走向世界。

走向世界，无论是自己走出去还是让别人走进来（总比让别人杀进来好），无论是主动的还是被动的，从总的历史进程看，用大的历史眼光看，都有利于发展，都是一种进步。对汉朝来说是如此，对夜郎来说亦是如此。两千年前是如此，两千年后亦是如此。上世纪七十年代末开始编辑出版“走向世界丛书”时是如此，如今来继续编辑出版这部丛书时亦是如此。

今天的中国已不再是七十年代的中国，虽然仍称发展中国家，经济总量却早已“超英”，正在“赶美”，但走向世界的路还“漫漫其修远”。时至现代，走向世界当然是要走向现代化的世界，也就是要高度现代化，全盘现代化。“四个现代化”的“四个”——工业、农业、科技和国防，已经“化”出了很大的成绩，而我们的管理现代化，我们的服务现代化，我们的制度现代化……要走的路的确还很长。

现代人走向世界，首先要使自己成为能接受全球文明，有世界知识，有世界眼光，有世界理想的人。“走向世界丛书”杰出的作者，如郭嵩焘、黄遵宪……又如邹代钧、金绍城……他们看到的新技术还是德律风（送话器和最早的手摇电话机）、火轮车（蒸汽机车）……我们如今却已经用上了智能手机、坐上了波音飞机……但在思想层面上，我（不敢称我们）反省自己的世界眼光和世界理想，甚至在世界知识的某些方面，比起一个多世纪以前的郭、黄他们来，差距实在还不小。在这方面，也就是人的现代化这方面，要走的路就更“漫漫其修远”了。

五年前北京奥运会的成功举世公认，它已经成为中国走向世界的一大标志。它的口号：

ONE WORLD，ONE DREAM

“同一个世界，同一个梦想”，这也应该是现代人走向世界的志向和目的，是我们继续编辑出版“走向世界丛书”的志向和目的。

丛书原序□

钟叔河

一九八〇年七月

人们常说，今日之世界，乃是一个“迅速缩小的世界”（rapidly shrinking world）。在电视卫星、激光通信和喷气式客机的时代，地球之上各地之间的距离，确实好像越来越短，人们相互间的接触和交流，也越来越方便和密切了。

可是，仅仅在几代人以前，异国还显得那样的离奇和遥远。古代欧洲人说，中国人用小米和青芦喂一种类似蜘蛛的昆虫，喂到第五年虫肚子胀裂开，就从里面取出丝来（Pausanias《希腊纪事》）。古代中国人则曾经相信，西方有种羊羔是从泥土里生长出来的，脐带还连着大地（《旧唐书·西戎传》、《渊鉴类函·边塞部九》）。这类海外奇谈，今天听起来简直不可思议，而在过去上千年中，却一直被当作可信的资料，记载在欧洲和中国的史书上。由此可见，人类文明的发展，经历了一条何等漫长曲折的道路。

为了探索和开辟外部世界，丰富自己的物质和精神生活，各国人民都作过许多贡献。人类文明史像叙说伟大的发明家和著作家一样，将永远铭记着张骞、玄奘、马可·波罗、哥伦布等不朽的名字。我们甚至可以这样说：一个民族从中世纪到现代的历史，也就是它打开眼界和走向世界的历史。

历史的发展从来是不平衡的。当黄河、长江已经哺育出精美辉煌的古代文化时，泰晤士、莱茵和密西西比河上的居民，还在阴暗的原始森林里徘徊。而自从地理大发现和产业革命以来，中国却相对地落后了。在西方实现资本主义的现代化以后，中国还是一个基本上同外界隔绝的古老国家。是鸦片战争打开了中国的大门，也打开了中国人的眼睛。人们称林则徐和魏源为清代最早“开眼看世界”的人，因为西方的坚船利炮打到中国来时，他们首当其冲，亲身感到这个世界在缩小，距离和壁垒再也不能将异国隔离开了。

过去时代的中国读书人，在“严夷夏之大防”的社会里度过了上千年。封闭的外壳被打破后怎么办？守旧派的办法是把脑袋钻进沙子里学鸵鸟，像慈禧太后的大学士徐桐，见到洋人就以扇遮面。就是这个徐桐，在庚子年间焚香叩请骊山老母下凡来“杀尽洋人”，结果骊山老母没有下凡，他自己的老命却白白送掉了。而林则徐和魏源则不同，提出要“师夷长技以制夷”，主张学习外国的长处，以对付外国的侵略。要学习，先得了解，于是林则徐编了《四洲志》，魏源编了《海国图志》。虽然他们未能亲身出国去考察，书的材料靠间接采辑而来，难免有许多谬误，但无论如何，地里长羊羔之类的神话毕竟不得不逐步让位给常识了。

林、魏之后，中国才开始有读书人走出国门，到欧美日本去学习、访问和工作。容闳、王韬、郭嵩焘、黄遵宪和严复等人，要算是最早的。接着出国的人渐渐多了起来，尽管其中不少是奉派而去的政府官员，但既然去了，就不会不接触近代—现代的科学文化和政治思想，也就不可能不在中国发生影响。

“走向世界丛书”专收一九一一年前国人亲历

欧美和日本的记述。自从一八四〇年鸦片战争失败那时起，先进的中国人，经过千辛万苦，向西方国家寻找真理。应该说康有为和在他之前的郭嵩焘、王韬、容闳等人，的确代表了近代中国向西方寻找真理的一派人物。当然，丛书所收的，也并不全属先进的人物的作品；但总而言之这些都是中国人从东方走向西方的实录，自有其文化的意义和历史的价值。

必须指出的是：从鸦片战争到五四运动这一历史时期中，西方国家虽在许多方面比中国先进，值得中国人学习，但国家利己主义的本质，却总是要压迫剥削比他们落后的民族的。中国人走向世界、接触西方，既有一个学习外国长处的问题，又有一个抵抗外国侵略的问题，盲目排外和盲目崇外都是错误的。对于某些作品中不免流露的这类观点，我们将在为各书撰写的叙论中，适当地作些分析，供读者参考。

“洋为中用”是我们今天的主张，也是十九世纪先进的中国人的主张。“师夷长技以制夷”，不就是“洋为中用”吗？当然，随着接触和认识的逐步深入，人们慢慢地看出：仅仅学一点“长技”，搞一点坚船利炮，还是不行的；要救国，只有维新，维新行不通，就只有革命。伟大的革命先行者孙中山，用他自己的话来说，也是在一八七八年出国以后，“始见轮舟之奇、沧海之阔，自是有慕西学之心，穷天地之想”，才树立了推翻清朝建立民国的大志和信心。历史无情亦有情，后人的思想和事业肯定要超越前人，但前人的足迹总可以留作后人借鉴，先行者总是值得纪念的。

今天的世界已不是十九世纪的世界，今天的中国更不是清朝末年的中国。今日之中国，已经逐渐以现代的面貌，出现在世界的东方。但是，世界的进步越来越快，中国的经济和文化等许多方面还需要不断地发展和提高；这就必需继续打开眼界、走向世界。打开眼界以后，还要学会分析，分清好的和坏的。一切好的东西，要拿来为我所用；一切有害的东西，要实行抵制和预防。在这方面，前人的经验和教训，有一些也仍然值得我们注意。

谨将这套丛书奉献给爱好历史和文化、关心中国和世界的读者，希望它能在中国现代化的过程中，起到一点微薄的作用，是为序。

丛书凡例□

一、“走向世界丛书”一九八六年前已刊三十五种，二〇一五年起仍按原定一百种的计划继续刊行，仍然专收现代以前用文言写作的国人考察西方（含开国后的日本）的记述，仍以亲身经历、直接闻见者为限。

二、丛书按作者出国年月排列次序，尽量单行，即以一种为一册；字数过少无法单行者，才以两种或数种合订成册。合订本尽可能以类相从，按第一种出国年月排序；其各种均在封面列出书名，书脊则只列出第一种书名，并在其下注明“等几种”。

三、每种（册）书前，均由编校者撰写导言（叙论），介绍作者有关背景和书中重要内容，酌加评论分析，以供读者参考。

四、丛书均经编校者校订，标点分段，并加边批。边批的内容主要包括三个方面，兹以《随使德国记》为例，举示如下：

1. 标题、提要和说明，如“星使由苏州来”、“普鲁士分一十二省”、“演八十日环游地球的故事”、“如夫人即赛金花”、“‘人工’今皆称工人”。

2. 书中较重要的译名（加括弧注出原文或今译），如“德璀琳（Detring）”、“毕驷马（俾斯麦）”、“布莱门（不来梅）”、“德利风（电话）”。

3. 原文的订正和存疑，如“‘公司船’原无船字”、“‘骁勇’原作‘骑勇’”、“‘薛福成’成字原作辰”、“奥京立斯本应是维也纳”。

五、每种书后，均附人名索引，人名依首字笔画和一丨丿丶乚排列，按年、月、日三节数字查检（正文单页码下均有年、月、日三节数字备查）。如德璀琳之“德”字为十五画，于索引

“十五画”内检得其名下首列“13，8，17”，查正文“13，8，17”在P. 3下，即可在P. 3上找到（光绪十三年八月）十七日“乘肩舆往拜税务司德璀琳”的记载。

六、每种书后，一般附有译名简释（今昔译名对照，必要时并加说明），亦依首字笔画和一丨丿丶乚排列。如“卜兰墩浦 Brandenburg，勃兰登堡”，又如“勺勾腊 chocolate，巧克力”。

七、人名索引和译名简释的条目，并不限于边批中所举者；边批中所举者，则必皆收入索引和简释。

八、人名索引按年、月、日三节数字查检，其原书不著年、月、日者，则按篇章序号或页码查检。

九、原文因排印（抄写）而出现的明显的文字错误径予改正，不在边批中注出。

十、原文中同一外国地名而作者译法多样，

如缪祐孙《俄游汇编》中“彼得堡”就有“比得堡”“彼德堡”等异文，“莫斯科”也是如此。此种情形，无碍阅读，故一仍其旧，不作统一。

十一、原文中之统计数字均一仍其旧。少量表格中之统计数字，为方便读者阅读，改为阿拉伯数字。个别已经失去时效、并无参考价值的资料，则在说明情况后予以删去。

（十二）丛书均以简体汉字印行；除总序、凡例外，编校者所作导言（叙论）、边批、索引中涉及的数字均按现行规定采用阿拉伯数字。

叙论：韩国钧的日本考察记□

伍成泉

韩国钧（1857—1942），字紫石，亦字止石，晚号止叟，江苏泰县海安镇（今属海安县）人，泰县旧称泰州，故书中题称“泰州韩国钧紫石著”，而时贤则以“紫老”尊称之。清光绪五年（1879）中举，历仕河南镇平、祥符等县知事、铸钱局总办、河北矿务局总办等职，民国初年曾出任江苏民政长、江苏省督军、省长，因勤政廉洁，勇于任事，所履颇有政声。1925年辞职归里，创办泰县端本女校，编订地方文史丛书《海陵丛刻》，热衷于地方公益事业。抗战期间，紫老积极调停国共矛盾，主张联合抗日，与刘少奇、陈毅、粟裕等新四军将领甚为投契；日伪政权胁迫其出任伪职，被其断然拒绝，1942年逝世，被誉为“爱国老人”、“民族抗战之楷模”。关于其人，有杨德志博士论文《从晚清能臣到抗战楷模——韩国钧研究》（扬州大学2012年）可以参看。

光绪三十一年（1905年），河南巡抚陈夔龙奏派韩紫石东渡日本，考察农、工、商、矿等实业事务，历时三月，归而撰成《实业界之九十日》一书。其书起自八月十八日“晨起登舟由海安解缆”，至十二月三日“午前抵沪”止，逐日详述其赴日考察见闻，实为一百零三天，称“九十日”者，盖自九月二日自沪展轮始，至十二月二日夜泊吴淞止，则离沪之前十数日未计算在内。该书初版于光绪三十二年（1906）五月，由东京秀光社印刷，上海商务印书馆、文明书局发行，而整理者则为韩棠。韩棠（1887—1919），字召侯，江苏泰县（今泰州）人，乃韩紫石同乡，为其考察日本时之翻译。书中九月十三日言：“晚，与召侯同观南明馆陈列所。召侯，同宗同里，此次延为通译者也。”其末十一月二十八日又言：“午后，登舟，与召侯别。”其“召侯”即是韩棠。韩紫石赴日考察期间，召侯正就读于日本东京明治大学商科，乃聘其担任秘书兼翻译官，故召侯在该书跋语中说道：“紫石公乙巳（1905）冬日来日本调查实业，欲得一通译，语于棠。棠时肄业于明治商科大学，课冗无多暇，然以公之远道至此，为吾国前途劳也，义不敢辞。”该跋作于光绪三十二年（1906）五月，据此可知，召侯不久亦归国，并协助紫石撰成此书。召侯回国后，曾任工商部主事、江苏省将军府咨议、督军顾问，其中，紫石或有扶助之力。据跋后之“英学专攻社告白”，召侯著有《英文奇字解》、《英文谚喻解》、《华英商用文》等书。而且，他还参加过南社。当时泰州入南社者除召侯外，尚有仲一侯、马锡纯（字东侯）、韩娘（字亮侯，为召侯之胞兄）、陈佩章、程习朋等人。而仲一侯、韩亮侯、韩召侯、马东侯以“泰州四侯”相并称，为泰州文坛四杰，盖以文学著称者也。惜乎召侯英年早逝，于1919年5月患病弃世，年仅33岁。

《实业界之九十日》初版于1906年之上海，同年《申报》曾登载过一条新闻——《谢赠（实业界之九十日)》，其文为：

> 是书为泰州韩君国钧所著。韩君于去岁东游日本，考察农工商矿，计共九十日，以躬之所周历，耳目之所闻见，一一笔之于书，精审详备，有功于实业界者匪浅，插以矿脉地质及各处摄影之图，尤足以资考核。昨承以一册惠示，合书鸣谢！(容)①

可见时人对于此书颇为推重。然而，此后该书仅于1943年由上海商务印书馆、文明书局又再版过一次，此外不见有其他版本，本次整理乃是以1906年本为据。著录和推介该书者亦不多见，唯谈敏先生主编的《中国经济学图书目录（1900—1949年)》之“D7.2其他”下著录：

① 《谢赠（实业界之九十日)》，见光绪三十二年（1906）九月十八日《申报》第四版。

“《实业界之九十日》，韩国钧著，日本东京秀光社光绪32.5　214页；上海商务印书馆1906.2　214页。”[①] 按“日本东京秀光社”乃印刷厂，非出版社，该目录将其作二个版本著录，误。至于推介该书之文，除前述杨德志博士论文《从晚清能臣到抗战楷模——韩国钧研究》有所涉及外，仅顾农先生所撰《九十年前清人韩紫石的见识——读（实业界之九十日）》一文中有过介绍,[②] 该文亦收入其《听箫楼五记》中。[③] 此次岳麓书社《走向世界丛书》能将该书收入其中，说明主编眼光颇为独到，对于该书之流布亦甚为有利。

光绪二十八年（1902）至光绪三十一年（1905）间，韩紫石任河北矿务局总办兼交涉局会办之职，因勘查矿务之故，对河内县农桑之事也多所关注，曾于该地创办蚕桑学堂和志学会，这一背景经历对其日本之行影响甚大，故此次考察以农工商矿为重点，书中此类内容所占篇幅亦最大。其中牵涉大量图表和数据，既简明直观，又极具说服力，是其书之一大特色，亦为其价值之所在。据统计，其书共计有各式图表近100幅，其中仅足尾铜山即有图表

---

① 谈敏主编《中国经济学图书目录（1900—1949年）》，中国财政经济出版社，1995年版，第224—225页。

② 顾农《九十年前清人韩紫石的见识——读（实业界之九十日）》，载于《博览群书》1995年第8期。

③ 顾农著《听箫楼五记：书林品藻记 · 听箫楼藏书丛札》，东南大学出版社2004年版，第244—246页。

22幅，自选矿次第、炼矿流程，至各矿成分分析、水电发动机配置等，细大不捐，洪纤靡失。某些数据和图表，如休业日、工价等载录，今天取鉴的意义已经不大。但多数表格颇能说明问题，其中如《中日输出总数表》、《中日输入总数表》、《光绪三十年日本输入中国货品类别表》、《光绪三十年中国输入日本货品类别表》、《中国输入日本重要品前二年比较表》，等等，将中日各项商品、各项指标逐一进行对比，其间优劣立现，其结论发人深省。我国之土地和民众远远盖过日本，自然条件亦较日本优越，漆、丝、茶等商品之质量亦属上乘，然而技术附加值低，在市场上缺乏竞争力，所占市场份额远较日本为低，致使本国沦为其商品倾销之地。究其缘由，皆因国人不思进取，凡事马虎，得过且过。有例说我国饲蚕较日本有三大优势，唯一不及日本者，只蛆蝇较多，“乃民间饲蚕，只知祈祷，不知研究，固无怪其进此之少也”。而日人做事则事事认真，于一切学问皆着意考察，悉心研究，故日益精进。本书曾载一事：甲午后，日人来中国做商业调查者络绎于道，具见于《日本派查中国事业人员姓氏表》，实可谓处心积虑：

> 派往之人三十四，计查蚕丝者八，陶瓷者二，绢织物者六、漆液者二，各商业者十八。蚕丝一业，先后五年间查至八次，织物六次。兢兢焉，恐彼之不胜；又兢兢言，防我之或胜。名为视察，实则啵吾之利，而夺之不尽焉不止。惟争乃存，谅哉言欤！

故韩紫石不禁感叹道：

> 据此可见，中退而日进，我一切听民自为，彼日讨国人，朝夕申儆，教以通商惠工之道，甲起而乙仆，理有必至，势有固然，无足怪者。其他若纸，若文具，彼所输入于我者，较前皆倍增；而我之输入彼国者，十九皆生料，虽多，亦奚以为？况日以加少哉！

此种状况，即便是百年后之今天，其实并无太大改变。如今中国之国势较之百年前自不可同日而语，而从商战角度来看，恐怕仍不敌日本远甚，我输出商品仍以初级产品为多，技术含量低下，而日本输出者皆高端产品，如汽车、家电、电子产品等，则充斥于中国市场。从前国势孱弱，受不平等条约挟持，不能自立，竞争不过人家尚情有可原，如今依然如此，则需好好反思。

除农工商矿外，紫石对学校教育也甚为关注，先后参观了茂原农学校、长生郡鹤枝小学校、上野美术学校、小石川区实科学校、常盘小学校、潮海小学、高等女子师范学校、森川町第一高等学校、振武学校、中央幼年学校、帝国大学等学校。其中谈及留学教育，使笔者感触颇深。其论及振武学校说：

> 振武学校为我国特设，学期一年三阅月，毕业先入联队练习，然后再入士官。日人入联队须中央幼年学校五年毕业，兹为一年三月，不得不加删节。武备为一国命脉所系，国威不振，以尚武精神为先。缩五年学科于一年三月之中，简略可知。然则此较为吾国留学生专班，亦不过利

> 用其名而已。教育之权授于外人，固无怪其然也。

与振武学校形成鲜明对比，其中央幼年学校（专为日人而设）则："生徒整肃，非他校可比。学期：预科三年，本科二年，毕业后，方入联队，振武逊此远矣。"振武学校以培养中国军事人才为目的，而日人雅不欲中国强大，故此校徒具花架子实不足为奇。而其他一般学校亦多以牟利为目的，书中引潮海小学笹野校长之言说：

> 教育无速成之法，非习师范十年，不能得其精神。日人所设速成师范等校，皆以此愚中国，意在牟利而已。

书中复提及：

> 京桥区役所所长谷川寿太郎拟于京桥设普通学校，专收中国生徒，以一年六阅月卒业，余意日本专为中人开设之校，往往以普通速成为名，其实所授者只日语一门，馀甚单简。吾国生艳其卒业之易，纷然而来，费烦于吾国，而学科未必过之。讽长屋〔谷〕君以学期宜长，课目宜增，考察宜严，彼不谓然也。

清季以降，国人留学欧美和日本蔚然成风，确也造就了大批人才，极大地推动了我国现代化进程。但其中也亦有一些不肖之徒，非真为学问计，徒慕其虚名。而彼国亦往往投其所好，以速成为名，华而不实，甚至干脆兜售假文凭以牟利，直至今天，仍是中国海外留学之一大隐患。

其馀如东京养育院、警察传习所、地方裁判所、东京府度量衡检查所等之介绍亦颇可观，譬如谈及日本之税收时，作者说道：

> 以一国之财，治一国之事，仍散诸一国之民，非徒无害，盖又有利存焉。吾国岁入，视日本三之一，赋额所入仅十之四，而小民愀然，若不能终日，稍议加收，群起非难者，中饱之弊多，而国家支出之数，又未尝明示天下。不此之务，一有龃龉，举从前所议行，一切停罢之，致任事者束手而无措，举世乃为形式之事，听其隳坏而不之问，欲以此强其国，难矣。

日本税赋很重，但因征税权出自议会，透明度高，体现民意，取之于民而用于民，故民众毫无怨言。我国税赋虽低，然不透明，或为贪官污吏中饱私囊，故民怨极大，当局亦不敢轻议加征，致诸事束手。

以上不过就该书之价值揭橥一二，借以说明，该书虽撰于一百年前，对今天仍有较大借鉴意义，读者自可于阅读中分辨之。

韩国钧实业界之九十日□

光绪三十一年九月二日　　离开上海前往日本
光绪三十一年九月七日　　抵达日本东京参观
光绪三十一年十二月三日　离开日本返回上海

□据光绪三十二年（1906）东京秀光社印刷、
上海商务印书馆文明书局发行之版本整理
□伍成泉　校点

序

世之觇国者，曰土广，曰民众。然日之幅帼与其户籍，未吾国若也，胡以兴？是非实业，乌足致此？岁乙巳，河南陈中丞奏派国钧东渡，考察农工商矿，凡此皆实业中事也。既抵日，躬之所周历，耳目之所闻见，一一笔之，乃知所谓兴盛者，在民不在国，在实不在虚。国以人人不知教育为忧，民以人人不能食力为耻。然则地之广狭，民之众寡，乃无与于国之盛衰。吾国于此，亦知所致力矣。篇中所为图，摄景居多。若夫矿脉地质诸图，则儿子宝瑄所学绘也*。光绪三十二年二月，泰州韩国钧。 考察缘由

* 为阅读方便，将原书中之插图一律移至书前。

31,8,18

实业界之九十日

八月十八日　晨起登舟。七时由海安解缆，风色顺利，旋雨。晚宿小冯店，中宵风雨大作，同行李勗初葆元。 光绪三十一年

十九日　十时抵泰州，十二时解缆。晚，宿夷陵，雨仍未止。

二十日　晨，起，凉甚。午后。晴。过仙女庙，宿六闸。今岁经此已四次矣，浮生有涯，劳劳未已。

二十一日　午前十时，抵扬州，登岸。

二十二日　晚，赴城内，与吉住、岑亮工狂谈纵饮。九时，返舟。胸膈饱闷，竟夜不适。

二十三日　午前十时，附小轮渡江，午后二时抵镇江。在舟寒热交作，抵寓服药一瓯。四时，登江轮，搭客甚多。头眩身痛，坐卧不宁。中夜，人声嚣杂，尤苦。

二十四日　午前十时，抵上海，寓泰安栈。头微眩， 抵上海

连日不食，亦不饥。午后，出门游览，一过二十年不到之地，仿佛如故。晚浴归寓，夜不成眠。

二十五日　午后，访徐受之同年，未值，归。竟夜不眠。

二十六日　天气转热。午前八时，入城见王培荪，询东渡事。返寓，受之来，畅谈。是夜，仍不成眠。

二十七日　午前十时，访苏淞道袁观察树勋，未值，归。晚九时，受之招赴医学会。返寓，服药。是夜，睡较稳。

日本领事松冈洋右

二十八日　晨十时，访日本领事松冈洋右，谈久，归。午后，赴医学会，与受之晤谈。六时，风大作，骤凉，旋雨。

二十九日　午后一时，冒雨赴培荪午饭之约。座客有史良材、徐子休。徐，陕西留学生监督；史君，则蚕学会研究员，先期知名者也。是日，购船票。

三十日　换日币。雨。

九月一日　尽日小雨。晚，受之来谈。

离沪出国

二日　晨，六时，部署行李，登安徽船。十二时，展轮。晚，七时，船稍稍震荡，不能久坐，遂寝。

三日　晨，起，仍晕眩，强进粥少许。晚，舟稍平。

抵长崎

四日　舟行甚稳。晨，起，出眺舱面，见四山如合，海滨小舟如蚁。八时，抵长崎，停轮，候医验病，于一等客仅一周视而已。午后，四时五分，启轮出口。

五日　晨，至马关，医来验病，如昨。九时，进口。

31,9,6

午后，四时，行。晚，登舱面眺望，午夜始寝。是日，舟行内海，波浪甚平。 至马关

六日 晨，七时抵神户，验病如故。九时，与同舟之湖南杨峻青、陈冰叔同登岸。峻青，江苏知县，与冰叔皆先期留学，以暑假返国，刻复东渡者也。至税关，验行李甚苛。午后，六时，乘汽车行。彻夜未眠。 抵神户

七日 晨，开窗四望，水光山色，皆可娱目。一路农产物，有稻，有芋，有高粱、玉米之属，青葱满地。七时，过富士山，山巅雪色白皑皑，甚峻。十时，抵东京之新桥，偕峻青至麴町区湖南南路招待会。午后，四时，移寓神田区今川小路龙涛馆。夜，雨。 抵东京

八日 雨未止。十时，赴小石川区。午后，归。

九日 午后，赴贵临馆，访朱少屏葆康、曾志忞泽霖，未值，归。晚，少屏来，谈良久，始去。

十日 午前，九时，见杨星垣公使，又马参赞廷亮。返寓，访罗秉真毓祥。秉真，直隶游历员，马参赞嘱与会商调查事。午后，峻青来，谈日本裁判事，娓娓可听。 “秉真”当作“秉桢”

十一日 午前，九时，偕秉真至外务省，见翻译官岩村成允君，即知会农商务省。午后，地震。 至外务省

十二日 午前，九时，至麴町区钱鹅町电话交换局，即吾国所谓德律风也。至时，中国游历官先后来者九，以无翻译，又由日外部派一人至。入室参观，见列坐皆十数龄女子，口手耳舌一时并用，洵非易事。午后，扬州赵新三、吴心縠来谈。晚，预备调查事件条目。十时，寝。 电话交换所

东京养育院

十三日　晨，八时，至小石川区东京养育院，干事员安达宪忠殷殷接待。至第一、二、三、四病室，病人每榻前各张一牌，书到院日月及其年岁、所患何病。每日列表。又至男健康室，中有百三岁无病之老人。又女健康室，又医药局、洗衣所、浴所、裁缝所、食堂、工场、第一、二、三、四小学校幼稚园、唱歌室，皆井然有条理。安达君言：全国养育院三百，此院岁费六万二千馀圆，皆民间捐集，现育一千一百八十六人。其类别如下*：

类　别	男	女	共　计
穷　民	146	131	277
行旅病者	294	201	495
弃　儿	126	110	236
儿无父母者	45	39	84
迷儿失路者	43	14	57
感化部	34	3	37
共　计			1,186

午后，函请外务省知照千叶县，拟十八日往观茂原农学校。晚，与召侯同观南明馆陈列所。召侯，同宗同里，此次延为通译者也。

至上野美术学校

十四日　晨，八时，至上野美术学校。校长正木直彦，命干事员导观。日本画科凡四室，分别一、二、三、四年生。其画法未必胜于我国。又至西洋画科，见白垩造

* 为方便读者，本书中表格内有关统计数字一律用阿拉伯数字。

31,9,14

成半身之模型，学生六七辈，坐相向、正背、侧面，各于所见之处摹其形似。又至塑造雕刻室、牙雕教室、石雕教室、铸造模型室、图按科、金工科、漆工科。陈列室中，以牙雕为最精。图按科，以几何法施之绘事。漆工精美，本东洋特品，然雕漆不逮吾国远甚。计日本岁产漆： 按通案

数量　　258，267 斤

价额　　308，583 圆

本邦所产，不给于用，仍藉中产以为补助。考近五年输入之数： 日本漆业

年　别	数　量	价　额
光绪二十六年	594,533 斤	237,026 圆
二十七年	922,919	259,970
二十八年	524,985	233,624
二十九年	544,411	230,542
三十年	353,779	150,445

又据日人初濑川健增化验中漆成分，与日产比较：

	中国建始县	中国甫子岭	日本越前	日本下野
漆　酸	68.61	56.85	69.01	65.48
油　质	2.60	……	1.55	0.52
水　分	20.10	31.24	21.08	25.46
蛋白质室素	1.89	2.70	1.92	1.59
护模质	6.78	9.28	6.49	6.98
计	99.98	100.07	100.05	100.03
粘　力	515	327	358	285
比　重	1.0466	1.0362	1.0397	1.0405

中国漆较日本实胜，乃光绪二十一年输入日本价额四十一万八千七百五十一圆，二十六年减至二十三万七千二十六圆，三十年更减至十五万四百四十五圆。而日本输入中国漆器则由四万一千六百七十五圆，增至七万一千五百八圆，近犹争进未已。十一时，观练成小学校女生运动会，又游动物园。二时，返寓。

麹町印刷局

十五日　晨，至麹町区印刷局。局分部五，曰：会计部、官报部、印刷部、活版部，其一则王子抄纸部也。先观印刷部。所至者，化学分析室，主分化色料之事。炼肉室，主研炼色料之事。配合室，取色料与油相配合。制油室，专主炼油之事，以危险故，特设铁室防之。色料制造室、朱制室，皆依化学理法制造色料者也。镐青购自美洲，极贵。继至刷板课第一、二、三室，凡钞票邮票之属尽由此出。又观检查课第一、二、三室，于印成之票，一一查其多寡、优劣之数。又观雕刻课第一、二室，内分机器雕刻、手工雕刻二科。机器极新、极精而又极速。手工雕刻人物花鸟，无定之形，刻者于显微镜中捉刀，甚费目力。又观图画室。又至官报部，观轮转印机，至速者每一小时可印一万至一万五千纸。全局职工二千三百人，其上有雇吏，有判任官，有奏任官，局长则敕任官也。岁支一百五十万圆，收入一百六十七万圆，岁赢十馀万圆。局创始至今三十六年，初时费五十六万馀圆，经营厂屋机器。今全局价值六百万圆，岁印邮政信片三亿万纸。纪其局制如下：

印刷工艺

31,9,15

官制

局长一人　　敕任

技师九人　　专任

属三十四人　　判任

技手四十人　　佣雇

分课规程

会计部

主计部　　调理挂　　一预算决算　二支出金钱报告　　分课规程

三收纳愿书告知书

簿计挂

收入课　　制品代价　买卖物品

调度课　　购买挂　　营缮挂

官报部

编辑课　　依法令全书及职员录编辑各事项　翻译各国文

发卖课　　发卖挂　　发送挂

印刷部

雕刻课　　图按雕刻　　整板雕刻

刷板课　　凹板印刷　　凸板印刷　　石板印刷

制肉课　　配合炼肉分析各色料并秘密药制法　制造诸色料及油

调查课　　检查包封证券

整理课　　会计整理并各机关

活版部

活版课　　一制板　二校正　三印刷　四制本

整理课　　会计整理并各机关

抄纸部

抄纸课　　一手漉制纸　二机械漉原质　三机械抄纸

　　　　　四机关

整理课　　会计整理并各机关

第一庶务课　　一接收公文书及发送编辑

　　　　　　　二文书起草并统计报告

　　　　　　　三进退职员各事

　　　　　　　四官印局印及关于鉴札事项

第二庶务课　　守警所　警备意外各事

　　　　　　　诊察所　主管卫生医药各事

检查课　　　　一物品出纳命令

　　　　　　　二工事及制品落成

　　　　　　　三各部帐簿金钱物品

俸给规程

工　师　　　　　　月给六十圆以上

工　手　　　　　　三十圆以上

工　生　　　　　　十二圆以上

练习生　　　　　　十圆以上

医师　守警　药剂师　　八圆以上

雇　工　　男一日给

一　等　　　　　　一圆二角

31,9,15

二　等	一　　圆	
三　等	九　　角	
四　等	八　　角	
五　等	七　　角	
六　等	六　　角	
七　等	五　　角	
八　等	四角五分	
九　等	四　　角	一等女工同
十　等	三角五分	二等　　同
十一等	三　　角	三等女工同
十二等	二角五分	四等
十三等	二　　角	五等
十四等	一角七分	六等
十五等	一角四分	七等　　同
		八等　一角二分

试　验　男工一角四分至二角五分

女工一角二分至一角七分

给　仕　即服役者一日给

一　等　一角五分

二　等　一角二分五

三　等　一角

小　使　一日给

一　等　五角

二　等　四角五分

三　等　四角

四　等　三角五分

五　等　三角

六　等　二角五分

十六日　晨，至农商务省，见商工局长森田茂吉，询近年输出入总数及其要品，并详查其簿记。十一时，见矿山局长田中隆三，为函致古河矿务公司庶务员，以不日有足尾铜山之行也。十二时，至外务省，见岩村成允。午后，六时，岩村君来寓，谈良久，别去。是日，未刻，地震，逾六分钟。

农商务省

十七日　午前，九时，赴扬州同乡会之招。至者二十七人，中有英兵舰留学生吴振南、朱天森，皆至自欧洲者也。饭罢，同撮影。午后，三时，至公使馆，见马参赞廷亮。归，过京桥区，购书。

十八日　午前，八时，至两国桥，乘总武铁道汽车至千叶县，换乘房总铁道汽车，至茂原。因先有理化教员井上诚一君之约，至时，井上君已候于驿次。遂至农学校蚕室及农事试验场一游。场地植物皆标明某人某日所种，于种类肥料一一识记，以备研究。下湿之区埋土管四周，为泄水之用。有所咨访，井上君热心告语，不惮烦言。晚，寓大和屋，校长加藤忠治、医士中岛元清来谈，甚欢。夜中，大雨，檐溜有声。

农事试验场

参观农校

十九日　晨，至农校。校长加藤君，取锄锹模型及播种器见示，并云：此新式锄锹，创自本校，去岁博览会，

31,9,19

以之邀赏牌。动物学教习菊池幸次郎示我益虫、害虫各标本。置病稻六百倍显微镜中，微菌历历可指。又试验昆虫解剖法。井上君又同赴标本室，观制丝检纇器、试验伸张力器、瓦斯消毒器。又赴理化室，观化分法，几于应接不暇。井上君为言：农事须学理，又须经验，半解之学理，独断之经验，均足贻误。至言也。午后，二时，观缫丝厂二所、舂米厂一所。舂米器殊单简，排列十六臼，每臼日成米五十俵（每俵四斗）。又至裁缝女子学校、长生郡鹤枝小学校，归已八时矣。鹤枝校长鹿间惣次郎、教员富塚庄三郎、丸岛斌，又女子学校校长元吉伊势次，先后来谈，留与痛饮。

昆虫解剖

二十日　晨，与井上君等撮影。复至农校，观理化学试验，又与蚕学教员木村节笔谈。木村蚕学专门，有询必答，一一得其要领。十一时，入讲室，演说中日相关与实业可以富国之故。日之兴在教育，而教育以实业为先，非广兴实业，何所取资以为挹注：中国近亦知致力于此。生徒肃然听，百四十人，无一哗者。旋，贻同窗会杂志一册。午后，二时，赴郡役所，询地方管理之法，其中于民事调查，至纤至悉，沟渠塘堰之增进，与户籍之盈虚，收获之丰歉，蓄牧之多寡，靡不纪载，深服其条理之密。又至警察署，晤署长久保田清，略谈，归寓。

农校演讲

赴郡役所民事调查

二十一日　晨，木村、井上二君同送至汽车站，别去。旋乘汽车至千叶县，入县署，晤第二部长三桥得三。县分部四：一、任庶务、会计、土木；二、任教育、社

千叶县署

寺、兵务；三、任、农、工商、劝业；四、任警察署。共五十人。三桥君言：千叶县，往时充兵役者千人，近以满洲之战，充兵役者二万人。午后，四时，返抵东京。

二十二日　午前，曾志忞来谈。午后，六时，赴汤岛龙凤馆晚餐，雨。

矿业会社

二十三日　晨，赴马场先门外古河矿业会社，见中泽虎二郎，述将往足尾之意。中泽君言：岩村成允君已先期知会，当即作函，致铜山庶务所。又导观古河矿产各标本。出遇岩村君，复坐畅谈，归。午后，二时，岩村成允至寓，同乘电车，至麹町区八重洲町古河熔铜厂。先阅熔铜室。室置回热炉三，铜运自足尾，每重五十斤，以其质杂，入炉复炼而改轻其重量，另铸长条，以为抽丝之用。

熔铜工艺

又至抽丝室，红热铜条入机十一次，渐逼，渐瘦，亦渐长；又入另机十次，如前法，则成粗丝。加丝于盘，盘大小纵横十数，树钢板，盘侧入丝，其中由粗而细，分列号数，凡过十数盘，而铜丝成矣。又至电气分铜室，见铜铁片纵横相间，排列硫酸水中，久则铜化液体，成铜养硫养三，自与铁附，愈积厚。电分之后，馀水入他池，再以铁片悬浸水际，铁上结蓝晶累累者，胆矾也。又入化学分析室，又观发电机。全厂工夫三百人，至高工价日不足一圆。熔铜一日得五万觔，伸铜一日得一万觔，电气分铜一日得五千觔。铜块出口入吾国者为多，铜丝则用之电车、电话等处。其种类列下：

铜养硫养三（硫酸铜）

31,9,23

类别	广	厚	长	重	品位	性质	制造揭要
白孙谟耳铜	上部三寸五 下部四寸六	二寸三	上部一尺四 下部一尺五	五十斤	九八五成分以上	缺展韧性,适于铸金之用	粗铜中之最良品,每年十二万石
紫铜	上部二寸四分 下部三寸	一寸六	上一尺 下一尺一	十八斤	九九六成以上	富展韧性,为铜丝原料	每年预备制造,可成十万石
钱板铜	六寸五分	五分	一尺二寸七	十三斤	同上	同上	阿仁东云矿铜为原料,岁产一万七千石
小钱板铜	五寸六分	四分	七寸七	七斤	同上	同上	此为特制品
电气分铜	六寸五分	三分	二尺一寸五	十斤	同上	同上	矿山所铸荒铜,多含杂质,故以电气分之
电器铜条	上部二寸一分 下部二寸五分	二寸五	上四尺五寸六 下四尺六寸八	十斤	同上	同上	最良者牵丝达一英里以上,导电力确有百分之九七

德川将军墓

二十四日　晨，九时，自上野乘汽车，北行至宇都宫，折而西，午后三时抵日光，凡日里四十二。时小西别馆，馆居半山，可眺远。稍憩，即登日光山，过东照宫，大猷院，至德川将军墓所。一路松杉蔚然，拔起数十寻。随山陂陁而上，浓阴蔽天，愈高愈繁。归，见夕阳遥挂树杪，金碧交映。返时，天气骤寒。此行与日人岩村成中君俱，盖外务省岩村成允之弟，其兄属之为先导者也。

铁索运输

二十五日　晨，八时，仍游日光。十时，乘人力车，道经含满渊，十一时三十分至细尾，易山舆。公司分厂林正治郎请以所携物由铁索运至枥木坪。运输之法，于彼此两端牵引铁索，设轮而旋转之，系物于索，一往一来，如环无端。公司运铜皆以此铁索，亘一万五千二百八十六尺，每一日夜八次回转。明治二十三年聘英人创立，费省而用便，以次建设至六处，此为第二铁索。列表如下：

铁索数	方面	水平距离	索线延长	原动马力	一昼夜回转数	一昼夜运搬量
第一铁索	地床板至细尾	12,296尺	12,632尺	15	7	贯目 10,320每贯九十九两二钱
第二铁索	枥木坪至细尾	14,774	15,286	40	8	13,300
第三铁索	大内至草久	11,197	11,732	20	10	10,790
第四铁索	小泷至饼口濑	15,820	16,157	45	8	11,180
第五铁索	中原至东泽	17,919	18,777	40	7	11,830
第六铁索	渡良濑至柏尾	19,140	19,800	70	9	20,000

31,9,26

午后，三时，至枥木坪，易乘公司马车，循铁轨而上，四时十五分抵足尾，寓物和馆。计日光至此，七日里余。

抵足尾铜山

二十六日　晨，八时，公司庶务员良田和作来寓，导至本山应接所，见高岛参三、上原和吉二君。高岛，法学士；上原，则工学专门。稍憩，导观。有木坑口运矿之车出入不绝，以之入选矿所。区为三类，曰精矿、中矿、舍石。精者置一处，中矿佳恶参半，另置舍石，则全恶者入堆积场。又分块矿、粒矿、泥矿、粉矿四等。块矿粒矿同入一炉，粉、泥矿不与同炼。选矿以人，未选之先，濯之以水，以便识别。舂洗以机，运机以电。洗剩之水，余铜未净，更为木槽承之，高低衔接，不一其处。槽中杂置废铁，水过其上，铜与铁附，扫而炼之，仍成精铜。选矿器不一名，约略记载，并图选矿次第于下：

选矿区

铁格子　目径二寸，面倾斜，小矿经此，自然坠落，大者为格所阻，另入啮碎器。

分粒筛　目径七分、二分五厘、一分七厘、一分、七厘、五厘不等

啮碎器　凡佳恶参半者，入此器碎之。再分精矿、中矿、舍石三种。

选矿次第

辊辗器

跳汰器　矿石入其中，自然跳汰。

细粒跳汰器

水压分粒函　动摇其水，使矿石下沉，杂石浮上，二

者之间是为矿滓，入泥矿分粒函内。

泥矿自然分粒函　粒矿、泥矿一经此器，自然分出。

二重回转淘汰盘

泥矿淘汰盘

手选运行带　幅二尺五寸，长十五尺，两端鼓机回转，女工左右列坐，而手选之。

回转手选台

复有平野驹次郎导入制炼课。其课长浅野幸作，精理化学，留美六年，归主此席。凡佳矿再炼而成铍，由铍复炼而成铜粉。泥矿炼四次，成铜。继观倾铜法，又观空气压榨机。十二时，饭。饭罢，详询矿石之原质与其化炼之法，浅野君绘图如下：

炼矿图一

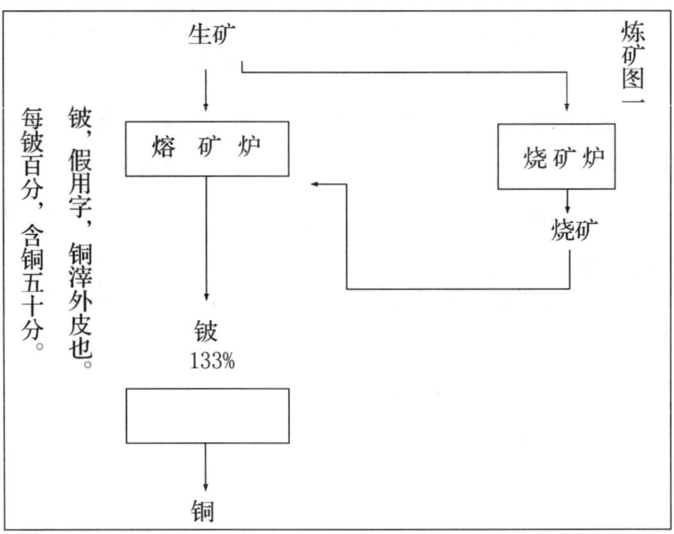

31,9,26

炼矿图二

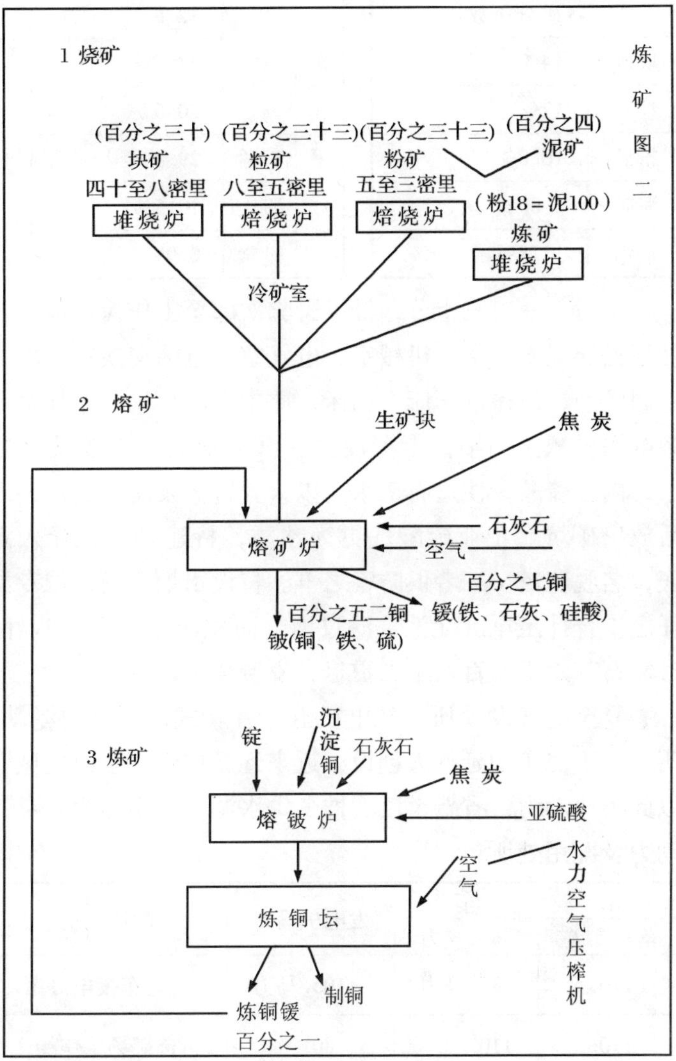
1 烧矿
炼矿图二
(百分之三十)
块矿
四十至八密里
堆烧炉
(百分之三十三)
粒矿
八至五密里
焙烧炉
(百分之三十三)
粉矿
五至三密里
焙烧炉
(百分之四)
泥矿
(粉18＝泥100)
炼矿
堆烧炉
冷矿室
2 熔矿
生矿块
焦炭
石灰石
空气
熔矿炉
百分之七铜
镀(铁、石灰、硅酸)
百分之五二铜
铍(铜、铁、硫)
3 炼矿
锭
沉淀铜
石灰石
焦炭
熔铍炉
亚硫酸
空气
水力空气压榨机
炼铜坛
炼铜镀
百分之一
制铜

各矿分析数	
块矿	14%
粒矿	12%
粉矿	10.0%
泥矿	5.00%
平均	12.8%

矿石成分平均数		
	铜	12.8%
	铁	21.5%
	硫	20.5%
	硅酸	29.8%
	矾土	10.5%
	砒素	0.9%

午后，一时三十分，偕平野驹次郎至工作课。课长藤林德松导观木工室、机械室、电气室、电话交换室。木工专制模型，机械惟车床、钻床，此中工所恒见。电气室专制电用机械。阅毕，至沉淀池。沉淀池者，工场洗炼之水，内含硫酸，使过石灰水，以灭其害。凡滤十数过，而后放出矿坑。于亚硫酸气更为预防，特建烟突，导入涧底，名脱硫塔。二者俱防害之事。特设水烟一门，派专员任之。合计足尾沉淀池、滤过池，面积四千二百十八坪，月需石灰六千八百八十二贯目，岁费金一百万圆。

沉淀池

复至电气发动所。凡电机五，皆新式，以水力激动，明治二十二年初延德人创设，近来逐见扩张，全山机械皆以此为原动力，省费至巨。惟冬季水涸，改用蒸汽。考其动力及配用处所：

电气发动所

水车		发电机马力	配用处所
落差	马力		
110.尺	130.马力	105.马力	昼电车夜电灯用
110.	110.	80.	选矿场工作场

31,9,26

续表：

水车		发电机马力	配用处所
落差	马力		
110.	100.	80.	制炼送风机
110.	100.	80.	选矿场
16.	80.	60.	坑内卷扬机
16.	30.	25.	尾矿选矿场
98.2	100.	80.	小泷坑内唧筒
98.2	100.	80.	小泷压榨机
98.2	50.	40.	同坑内卷扬机
98.2	100.	80.	同电灯
78.7	40.	20.	同选矿场制炼
78.7	80.	40.	同选矿场
78.7	80.	水车直动	同制炼送风器
64.3	120.	同	同选矿场
64.3	40.	同	同选矿场
70.0	150.	同	通洞压气机
60.0	40.	同	第一铁索
140.	40.	同	第二铁索
114.2	40.	同	第四铁索
150.	40.	同	第五铁索
22.	7.	同	薪卷扬机

日夕，返寓。良田和作来谈，夜，分寝。

二十七日　晨，八时，至通洞坑，观选矿所、电气发动所，大概与有木坑等，而规模较小。所选矿石，悉致之本山，入炉同炼。阅毕，返本山，晤谢良田和作，归寓。小雨，旋霁。午后，四时，登对门高峰，及半而返。灯下部署行装，拟明日早发。足尾山连亘，北纬三十六度三十分，西经零度二十分，高出海面四千四百尺。矿脉深一尺至七尺，幅四寸至三尺；亘北五十五度至七十度，又九十度至一百十度。地质为花岗岩、石英、粗面岩构成矿脉，皆胚胎于石英中。主要在神保鏂、新盛鏂，六十丈，鏂上盘鏂；又兵卫鏂、判右卫门鏂等处，合计五十馀。走向分二种：一东北西南行，一东西行。横间步鏂最长达五百丈。矿区面积一百八十八万二千坪，占日本铜山第一位。略考地质，绘图如下。

足尾矿山之规模

此矿自庆长十九年，即西历一千六百十四年，即已产铜，而未大兴。明治十年，归古河市兵卫君以次扩充，始有今日。古河君起家寒微，出其坚忍不拔之力，兴盛至此。现有矿区六十九，面积二千五百万坪。兹举其重要矿地，并足尾地质图如下：

矿山名称	矿地位置	矿别	矿区坪数	产　额
足　尾	下　野	铜	1,880,000 坪	11,540,000 斤
阿　仁	羽　后	铜	2,620,000	1,834,000
不老仓	羽　后	铜	510,000	422,000

31,9,27

续表：

矿山名称	矿地位置	矿别	矿区坪数	产　额
水　泽	陆　中	铜	295,000	212,000
永　松	羽　前	铜	592,000	510,000
大　岛	羽　前	铜	109,000	80,000
草　仓	越　后	铜	165,000	584,000
久　根	骏　河	铜	570,000	2,720,000
广　谷	越　后	铜	165,000	112,000

自馀古河君所属金银、石灰诸矿不及备载，仅以铜计，岁产一千八百万斤，而足尾居十之六。因举明治十年后，古河时代与庆长以来之产额，列表而比较之：

明治十年后产铜量

年　次	产铜量
庆长十九年至明治九年	1,69,581,909 斤
明治十年	93,457
同十一年	83,446
同十二年	151,420
同十三年	153,762
同十四年	289,106
同十五年	488,383
同十六年	1,088,984
同十七年	3,848,640

续表:

年　　次	产　铜　量
明治十八年	6,885,584
同　十　九　年	6,051,836
同　二　十　年	4,967,608
同二十一年	6,106,887
同二十二年	7,861,243
同二十三年	9,704,213
同二十四年	10,111,578
同二十五年	9,701,595
同二十六年	8,696,099
同二十七年	9,844,349
同二十八年	8,246,406
同二十九年	9,867,505
同　三　十　年	8,919,493
同三十一年	9,146,578
同三十二年	9,101,489
同三十三年	10,231,092
同三十四年	10,640,104
同三十五年	11,275,532
同三十六年	11,540,295
合　　计	344,678,594

31,9,27

以上古河时代二十六年间，产额一百七十五兆零九万六千六百八十五斤，庆长以来二百九十馀年间产额一百六十九兆五亿八万一千九百九斤，多寡悬殊。考世界铜产全额，与日本历年产额，列为表：

世界铜产额

世界铜产额

国别＼年次	一千九百二年
美利坚	277,047 吨
西班牙	50,767
墨西哥	40,640
澳大利亚	29,098
智利	29,393
日本	29,034
德意志	21,951
加拿大	17,766
秘鲁	8,128
英吉利	610
瑞典	462
俄罗斯	7,701
好望角	4,521
哪嘁	4,638
意大利	3,424
纽芬兰	2,627

续表：

国别＼年次	一千九百二年
土耳其	1,118
奥大利	1,524
亚尔然丁	244
玻利非亚	2,032
合计	532,725

日本历年铜产额

日本历年铜产额

年次	铜产额
明治八年	3,998,294 斤
同十三年	7,782,475
同十八年	17,567,944
同二十三年	30,192,447
同二十八年	31,856,887
同二十九年	33,464,615
同三十年	33,982,217
同三十一年	35,039,592
同三十二年	40,459,709
同三十三年	42,182,353
同三十四年	45,652,927
同三十五年	48,390,637

31,9,27

日本三十六年铜产额十万斤以下不列

年铜产量

府县	郡	村	矿山名	产额
秋田	鹿角	小阪	小阪	7,996,703斤
秋田	北秋田	大葛	大葛	108,539
秋田	仙北	中川	日三市	870,748
秋田	北秋田	阿仁	阿仁	1,579,212
秋田	鹿角	尾去泽	尾去泽	2,015,251
秋田	鹿角	柴平	细地	137,370
秋田	鹿角	锦木	小真木	126,858
秋田	鹿角	大汤	不老仓	454,421
秋田	仙北	荒川	荒川	1,482,772
新潟	东蒲原	西川	广谷	126,392
新潟	东蒲原	两鹿濑	草仓	940,834
岛根	尔摩	大森	大森	159,181
岛根	邑智	吾乡	铜凡	394,759
岛根	鹿足	畑迫	笹谷	859,228
兵库	朝来	生野町	生野	1,084,838
兵库	神崎	长谷	川上及唐谷	110,236
岐阜	大野	丹生川	平金	884,080
岐阜	益田	高根	高根	107,401
福井	大野	上穴马	面谷	508,466
岩手	和贺	横川目	纲取	233,608
岩手	和贺	岩崎	水泽	230,778
岩手	稗贯	太田	三泽	128,696

年铜产量

续表：

府县	郡	村	矿山名	产额
山形	最上	大藏	永松	452,370
山形	东田川	大泉	大岛	105,744
枥木	上都贺	足尾町	足尾	11,540,295
茨木	多贺	日立	赤泽	130,816
山梨	南都留	宝	宝	315,286
石川	能美	西尾外一	尾小屋	849,463
冈山	都洼	中庄	带江	968,365
冈山	胜田	河边	国盛	176,026
冈山	久米	大井西	坪井	165,388
冈山	后月	三原	三原	102,998
冈山	川上	吹屋	吉冈	859,228
爱媛	西宇和	三机	大江	121,463
爱媛	西宇和	川之石	大峰	101,113
爱媛	西宇和喜多	矶津外一	金山	200,577
爱媛	宇摩	别子山	别子	8,909,331
爱媛	新居	大保木	西之川	183,080
熊本	球磨	五木	五木	691,007
宫琦	东臼科	北方	日平	1,450,300
宫琦	东臼科	北方	猿渡	172,097
宫琦	东臼科	七折外一	槙峰	1,461,245
静冈	磐田	佐久间	久根	4,757,094
合计				54,253,657

31,9,27

图表数据
铜山地位

古河所产铜，占全世界五十三分之一，占日本四分之一。查日本近今出口运至中国铜量：

荒热铜	22,039.255 斤
薄板铜	902.199
白铜	450
共计	22,941.904

以古河产额一千八百万觔计，占出口额十分之八。考日本铜产额，明治八年，全国仅三百九十九万八千馀斤；至二十八年，一跃而有三千一百八十五万六千馀斤，较明治八年增进十二倍而强，较二十八年十分之五而强。古河氏为日本矿界之功臣，足尾又古河氏之功臣。呜呼，以一私人之事业，而伟大如此，奇矣！

今考足尾组织之法与其各规则：

分课表

- 内　局
  - 庶务挂
  - 会计挂
  - 水烟挂
  - 分析挂
- 坑部课
  - 坑内挂
  - 选矿挂
  - 测量挂
  - 杂务挂
- 制炼课
  - 工场挂
  - 杂务挂
- 工作课
  - 土木挂
  - 机械挂
  - 电气挂
  - 测量制图挂
  - 杂务挂
- 调度课
  - 仓库挂
  - 山林挂
  - 运搬挂
  - 杂务挂

矿坑表一

矿坑表

坑名		坑口 纵	横	坑内铁道延长
本山	有木坑	8 尺	8 尺	7,742 尺
	本口坑	7	8	6,252 尺
	鹰巢坑	6	4	3,000 尺
通洞	通洞坑	9.5	12	10,230 尺
	簀桥坑	6.6	3.3	3,000 尺
小泷	小泷坑	8	8	8,184 尺
	文象坑	10	8	6,000 尺

矿坑表二

坑别		深度	卷扬机
本山	第一竖坑	749 尺	40 马力
	第二竖坑	241 尺	25
	第三竖坑	356 尺	40
	本口竖坑	280 尺	……
小泷	文象竖坑	571 尺	40
	六十丈竖坑	370 尺	25
通洞	光盛竖坑	300 马	40

矿夫使役规则

矿夫使役规则

第一章　通则

第一条　分本山使役之矿夫，为一类、二类、三类之

31,9,27

种别：

一类矿夫，本山直接之使役也。二类矿夫，附属于组头之下，本山间接之使役也。三类矿夫，本山女工中直接之使役也。但本山欲与二类矿夫为直接使役，必知会一类矿夫。

第二条　分矿夫之名称职业如下：

一类

一职头

一头役

选派一组中之可信任者，命为组内诸事之首领。

头役分别阶级，视一组中之事务，定薪水之多寡。头役因自己之本业，不便在本山服役，得向本山主务局长出具愿书，或告假，或竟自请退，均可。

二夫头

凡一工场中，职工之首位名为夫头，督率部内职工，从事业务。夫头为职工之总，必应以类分别职工。

一、支柱长，任坑内支柱之役。

二、坑夫，任开坑、采矿之役。

三、进凿夫，任运用、开凿岩石之役。

四、选矿夫，任选收矿石及淘汰矿石之役。

五、烧矿夫，任煅炼矿物之役。

六、熔矿夫，任熔解矿物之役。

七、工作夫，任机械、器具、车辆、铁道等工作之役。

八、运转夫，任水力、蒸汽、电气及各机械运转之役。

二类

职类

一组头

命一组内之职工中可信任者，为组内之总发收，谓之组头。组头有应服之劳役，若因事告假，必具明事由，受主务局长之认可。

职工

一、车夫，任运输坑内、坑外之矿车及驱役马匹之役。

二、手子，任选别坑内矿石及运搬杂事。

三类

职工

一、女工，任精选矿物之役。

第三条　矿夫之职任不同，故随职业之繁简，设组合之众寡。每组设头役及组头，或一名，或二名，不等。虽职工人数无多，亦得设一组合。

第四条　职头之出入，应由主务局交给凭照，职工应由主务局事务所交给职名等级之腰牌。

第五条　取用火药，另有专所，严守火药类收发规则。

第六条　矿夫因做工而死伤者，另有专所，依救恤之规则救恤之。

31,9,27

第七条　矿夫应遵守本章程及本山之章程，从主务干事员之指挥，谨慎服役，无论对于事务员及来宾，宜守应尽之礼节。

第八条　一类矿夫，有加入共救义会者，二类、三类之矿夫，亦可随意编入。

第二章　雇佣

第九条　采用一类矿夫，有些志愿者，依绍介之人出具一号书式之愿书，交呈主务局。

二类矿夫，由组头具二号之愿书。

第十条　当呈具愿书时，事务所调查其来历，认为无误，是为试验合格之一类矿夫。既采用后，应由同组中至少三人为保证，出具三号书式誓约书。

第十一条　出具誓约书后，主务局备有矿夫名簿记，入之须由本人盖自己之印章于下。

第十二条　矿夫当作工时，有不得已事故请退者，出具事由，受主务局之许可。

第三章　就业

第十三条　矿夫就业时刻，八点钟至十二点钟，但亦有临时作为六点钟者。

第十四条　于前条定列之时刻外，有临时劳役，按照钟点加给薪水。

第十五条　矿夫停工，每年二十七日，别有表。

第十六条　矿夫腰牌，每日退工时领回。

第十七条　矿夫作工时生病，或家族有急病等情，欲退工回家，当具明事由，受事务员之许可。

第十八条　矿夫有疾病及别事，预欲告假，应受主务局之许可。但疾病至二日以上，应送本山医局诊治，给予有疾证书。

因事告假，已蒙许可，满期后，经三十日，及无故十日不到者，除名。

第四章　赁金（即工价）

第十九条　由矿夫之等级，别定一工价表。

如技艺居优等，又上等、特等者，其工价由七角五分至一元。

第二十条　矿夫工价分二种：一论常期，一论作工多少。

第二十一条　论作工之矿夫，但服工役以取工价，无等级之分。论常期者，其工价以如下之等级为标准：

坑夫　　六等至七等

手子　　八　　等

车夫　　六　　等

第二十二条　矿夫工金，每月决算由二十日至月底，分别定期；惟自退者，可随时结算。

第二十三条　矿夫购买物品，至月终付工金时扣算。

第五章　赏罚

第二十四条　矿夫查明有功如下目者，应给与临时赏金：

一、有益于工事，且补诸人之不逮者。

31,9,27

二、冒危险救助人命，又于非常变动之际，能为防御，奏特别之效者。

三、防危变于未然，及探知有害工事，而以密告者。

四、平素谨直、诚实、勉力作工，其笃行可为他人模范者。

第二十五条　矿夫犯如下各端，察其轻重，或降级减金，或斥退：

一、违背规则，及不从干事及职头之指挥者。

二、怠忽工作，取与疏略者。

三、腰牌不符，擅行欺人者。

四、未经许可，妄持矿石及以工场用品供私用者。

五、性情怠慢，故意损坏器具，妨害工作者。

六、侮辱役员，好勇斗狠，行不良之事者。

休业日

一　月	一　日	二　日	三　日
二　月	一　日	十一日	
三　月	一　日	十六日	
四　月	三　日	十六日	
五　月	十一日	十二日	
六　月	一　日	十六日	
七　月	一　日	十五日	十六日
八　月	一　日	十六日	

续表：

一　月	一　日	二　日	三　日
九　月	一　日	十六日	
十　月	一　日	十六日	
十一月	三　日	十六日	
十二月	一　日	十六日	三十一日
计　　二十七日			

31,9,27

矿夫等级赁金

矿夫等级赁金表

		一类										二类			三类
职名 / 赁金		职头 特等	支柱夫	支柱徒弟	坑夫	进凿夫	选矿夫	烧矿夫	熔矿夫	工作夫	运转夫	沉淀铜采集夫	手子	车夫	使夫	女工
职头	名誉职		头役	组头 夫头	头役	组头 夫头	同 同	同 同	同 同	同 同	同 同	同 同	同 同	同 同	同 同	同 同
上	一圆以上	一级														
下	一圆															
上	九十钱	二级														
下	八十五钱															
上	八十钱	三级														
下	七十五钱															
七十钱		四级	一等		一等	一等		一等	一等	一等	一等					

矿夫等级赁金

续表一：

职名 \ 赁金	一类											二类			三类
	职头特等	支柱夫	支柱徒弟	坑夫	进凿夫	选矿夫	烧矿夫	熔矿夫	工作夫	运转夫	沉淀铜采集夫	手子	车夫	使夫	女工
五十钱以上											特等				
七十钱以下															
六十五钱	五级	二等		二等	二等		二等	二等	二等	二等					
六十钱	六级	三等		三等	三等		三等	三等	三等	三等					
五十五钱	七级	四等		四等	四等		四等	四等	四等	四等					
五十钱	八级	五等		五等	五等	一等	五等	五等	五等	五等	一等				
四十六钱											二等				
四十五钱	九级	六等		六等	六等	二等	六等	六等	六等	六等					
四十三钱											三等				
四十钱	十级	七等		七等	七等	三等	七等	七等	七等	七等	四等	一等	一等	一等	
三十八钱		八等		八等	八等	四等	八等	八等	八等	八等	五等	二等	二等	二等	

31,9,27

矿夫等级赁金

续表二:

	一类											二类			三类
职名／赁金	职头特等	支柱夫	支柱徒弟	坑夫	进凿夫	选矿夫	烧矿夫	熔矿夫	工作夫	运转夫	沉淀铜采集夫	手子	车夫	使夫	女工
三十六钱			一等	九等	九等	五等	九等	九等	九等	九等	六等	三等	三等	三等	
三十四钱			二等	一等徒弟	十等	六等	十等	十等	十等	十等	七等	四等	四等	四等	
三十二钱			三等	二等徒弟	十一等	七等	十一等	十一等	十一等	十一等	八等	五等	五等	五等	
三十钱			四等	三等徒弟	十二等	八等	十二等	十二等	十二等	十二等	九等	六等	六等	六等	一等
二十八钱			五等	四等徒弟	十三等	九等	十三等	一等徒弟	十三等	十三等	一等徒弟	七等	七等	七等	二等
二十六钱			六等	五等徒弟	一等徒弟	十等	十四等	二等徒弟	十四等	十四等	二等徒弟	八等		八等	三等

矿夫等级赁金

续表三：

赁金 \ 职名	一类											二类			三类
	职头 特等	支柱夫	支柱徒弟	坑夫	进凿夫	选矿夫	烧矿夫	熔矿夫	工作夫	运转夫	沉淀铜采集夫	手子	车夫	使夫	女工
二十四钱					二等徒弟	一等徒弟	一等徒弟	三等徒弟	一等徒弟	一等徒弟	三等徒弟	九等		九等	四等
二十二钱					三等徒弟	二等徒弟	二等徒弟		二等徒弟	二等徒弟	四等徒弟	十等		十等	五等
二十钱							三等徒弟		三等徒弟	三等徒弟	五等徒弟	十一等		十一等	六等
十八钱							四等徒弟		四等徒弟	四等徒弟	大等徒弟	十二等		十二等	七等
十六钱							五等徒弟		五等徒弟	五等徒弟	七等徒弟	一等徒弟		十三等	八等
十五钱												二等徒弟		十四等	九等

31,9,27

矿夫等级赁金

续表四：

赁金＼职名	一类											二类			三类
	职头特等	支柱夫	支柱徒弟	坑夫	进凿夫	选矿夫	烧矿夫	熔矿夫	工作夫	运转夫	沉淀铜采集夫	手子	车夫	使夫	女工
十四钱														十五等	十等
十三钱														十六等	十一等
十二钱														十七等	十二等
十一钱														十八等	十三等
十钱														十九等	十四等
九钱															十五等
八钱															十六等

救恤规则

矿夫救恤规则

第一条　非自己之怠慢过失，而于工作时负伤，依本章程救恤。

第二条　负伤分六等

一等　即死及既治疗而死者。

二等　失一肢以上之类。

三等　失一肢之类。

四等　失一指之类。

五等　负伤在病院，不能就业者。

六等　轻伤，虽受医治，尚能作工者。

第三条　救恤金、疗养费、休业日费、一时扶助金、埋葬金，其支给额如下表：

救恤金 / 负伤等级	疗养费	休业日费	一时扶助金	埋葬金
一等伤	医局实费	当本人等级赁金之半数	十圆以上至三十圆	三圆以上至十圆
二等伤	同	同	同	○
三等伤	同	同	七圆以上至二十圆	○
四等伤	同	同	三圆以上至十圆	○
五等伤	同	同	○	○
六等伤	同	○	○	○

31,9,27

第四条　疗养费，包含诊察及买药一切。

重伤者，准许回家医治，住院费日一角五分。

本人由医局诊定，得移别地医治，但给费重伤者日三角五分，轻者半之。养病费至一月分者，按月给发。

移地医治费，归山后给发。

第五条　休业日费由医局指明几日，方按日给予，但医局命之就业，应即停给。

休业日费至一月分者，按月给之。移地医治者，依第四条第五项。

第六条　一时扶助金之等差，参酌负伤之状况轻重及平素劳务之成绩，以定多寡。

一时扶助金，待病愈后给之。

一等伤之一时扶助金，给受伤者之遗族。

第七条　埋葬金仿第六条一项，依其等级资格定数。

第八条　移地医治之费，应照依该医院指定日期，给予养伤费及休业日费。

无论官公私立之医院，其日数证明书均须查验。

第九条　有愿归家医治者，由本山医院指定应需几许日期，及一时扶助金之多少，二等伤以上预先算给。

第十条　因非常之暴动而死者，准本则及矿夫使役规则第二十四条第二项，察其状况而给之金。

职夫等级赁金

职夫等级赁金表

			一类			二类																	三类
赁金＼职名		职头 特等	机械职	运转夫	线路夫	大工职	炼瓦职	左官	石工	土工	救火夫	屋脊职	武力职	油漆职	叠职	建具职	炼瓦烧夫	铁道车夫	樵夫	农夫	运材夫	使夫	女工
职头	名誉职		组头 夫头	组头 夫头	同 同	同 同	同 同	同 同	同 同	同 同	同 同	同 同	同 同	同 同	同 同	同 同	同 同	同 同	同 同	同 同	同 同	同 同	同 同
上	一圆以上	一级																					
下	一圆																						
上	九十钱	二级																					
下	八十五钱																						
上	八十钱	三级																					
下	七十五钱																						
七十钱		四级	一等	一等	一等	一等	一等	一等	一等			一等	一等	一等	一等	一等	一等		一等	一等	一等		
六十五钱		五级	二等	二等	二等	二等	二等	二等	二等			二等	二等	二等	二等	二等	二等		二等	二等	二等		
六十钱		六级	三等	三等	三等	三等	三等	三等	三等			三等	三等	三等	三等	三等	三等		三等	三等	三等		
五十五钱		七级	四等	四等	四等	四等	四等	四等	四等			四等	四等	四等	四等	四等	四等		四等	四等	四等		
五十钱			五等	五等	五等	五等	五等	五等	五等	一等	一等	五等	五等	五等	五等	五等	五等	一等	五等	五等	五等		

31,9,27 职夫等级赁金

续表一：

	一类				二类																三类
职名／赁金	职头特等	机械职	运转夫	线路夫	大工职	炼瓦职	左官	石工	土工	救火夫	屋脊职	武力职	油漆职	叠职	建具职	炼瓦烧夫	铁道车夫	樵夫	农夫	运材夫	使夫	女工
四十五钱		六等	六等	六等	六等	六等	六等	六等	二等	二等	六等	六等	六等	六等	六等	六等	二等	六等	六等	六等		
四十钱		七等	七等	七等	七等	七等	七等	七等	三等	三等	七等	七等	七等	七等	七等	七等	三等	七等	七等	七等	一等	
三十八钱		八等	八等	八等	八等	一等徒弟	八等	八等	四等	四等	八等	八等	八等	八等	八等	八等	四等	八等	八等	八等	二等	
三十六钱		九等	九等	九等	九等	二等徒弟	九等	九等	五等	五等	九等	九等	九等	九等	九等		五等	九等	九等	九等	三等	
三十四钱		十等	十等	十等	十等	三等徒弟	十等	十等	六等	六等	十等	十等	十等	十等	十等		六等	十等	十等	十等	四等	
三十二钱		十一等	十一等	十一等	十一等	四等徒弟	十一等	一等徒弟	七等	七等	十一等	十一等	十一等	十一等	十一等		七等	十一等	十一等	十一等	五等	
三十钱		十二等	十二等	十二等	十二等	五等徒弟	十二等	二等徒弟	八等	八等	十二等	十二等	十二等	十二等	十二等		八等	十二等	十二等	十二等	六等	一等
二十八钱		十三等	十三等	十三等	十三等	六等徒弟	十三等	三等徒弟	九等	九等	十三等	十三等	十三等	十三等	十三等		九等	十三等	十三等	十三等	七等	二等

职夫等级赁金

续表二：

职名／赁金	职头	一类			二类																	三类
	特等	机械职	运转夫	线路夫	大工职	炼瓦职	左官	石工	土工	救火夫	屋脊职	武力职	油漆职	叠职	建具职	炼瓦烧夫	铁道车夫	樵夫	农夫	运材夫	使夫	女工
二十六钱		十四等	十四等	十四等	十四等	七等徒弟	一等徒弟	四等徒弟	十等	十等	十四等	十四等	十四等	十四等	十四等						八等	三等
二十四钱		一等徒弟	一等徒弟	一等徒弟	一等徒弟		二等徒弟	五等徒弟	十一等	十一等	一等徒弟	一等徒弟	一等徒弟	一等徒弟	一等徒弟						九等	四等
二十二钱		二等徒弟	二等徒弟	二等徒弟	二等徒弟		三等徒弟		十二等	十二等	二等徒弟	二等徒弟	二等徒弟	二等徒弟	二等徒弟						十等	五等
二十钱		三等徒弟	三等徒弟	三等徒弟	三等徒弟		四等徒弟		十三等		三等徒弟	三等徒弟	三等徒弟	三等徒弟	三等徒弟						十一等	六等
十八钱		四等徒弟	四等徒弟	四等徒弟	四等徒弟				十四等		四等徒弟	四等徒弟	四等徒弟	四等徒弟	四等徒弟						十二等	七等
十六钱		五等徒弟	五等徒弟	五等徒弟	五等徒弟				十五等												十三等	八等
十五钱		六等徒弟			六等徒弟																十四等	九等

31,9,27

职夫等级赁金

续表三：

职名 / 赁金	一类				二类																三类
	职头特等	机械职	运转夫	线路夫	大工职	炼瓦职	左官	石工	土工	救火夫	屋脊职	武力职	油漆职	叠职	建具职	炼瓦烧夫	铁道车夫	樵夫	农夫	运材夫	使夫	女工
十四钱		七等徒弟			七等徒弟																十五等	十等
十三钱		八等徒弟																			十六等	十一等
十二钱		九等徒弟																			十七等	十二等
十一钱		十等徒弟																			十八等	十三等
十钱		十一等徒弟																			十九等	十四等
九钱		十二等徒弟																				十五等
八钱																						十六等

消防规则

消防规则

第一条　本矿业所设消防一项，其一均归内局庶务干事员经理。

第二条　消防班之编制如下

本山：
- 庶务挂　第一班
- 坑部课　第一班　第二班　第三班
- 制炼课　第一班　第二班
- 工作课　第一班　第二班　第三班

小泷　小泷坑场　第一班　第二班　第三班

通洞：
- 通洞坑场　第一班　第二班
- 调度课　第一班

第三条　置消防总指挥一名，统督全班。

每班置指挥三名，头目一名，副头目一名，消防手三十人至五十人。

第四条　每班定器具之掌管者。

第五条　各课长、坑场长并内局庶务干事长，承所长之命，常于其所属内监督消防之事。

第六条　总指挥役以下各员，从所员及杂员中选拔，由所长命之。首领、副首领依各员之互选总指挥役，禀申于所长而命之。

第七条　消防手从各局工人中择，年在二十以上，身体壮健，堪受劳动者，由总指挥役命之。

第八条　总指挥役当灾难之时，当急赴该所，调派各员而指挥之。

31,9,27

第九条　指挥役平时掌管保护器具，灾难时承总指挥之命，指挥首领以下，而监督之。

第十条　救火器具有专掌指挥役，于运用时不致障碍，又常监督上水之方法。

第十一条　首领及副首领承上司之命，设置消防手，调派妥当而指挥之。

第十二条　消防手知有灾变之事，一闻警报，即赴器具室齐集，听指挥役首领与副首领之指挥，以为举动。

但急剧者，不在此例。

第十三条　火止之时，受首领及副首领之指挥，缴出消火腰牌，其余各班不得混入。

第十四条　消防于镇火之后，虽受指挥役之检点，亦不得擅自退归。

第十五条　在灾地不得有粗暴行为，损坏家屋墙壁各物品。

第十六条　执高旗者为首领之特命，不得擅离其傍。

第十七条　山内有非常之事变，即向附近电话通报内局，同时于该地急鸣警钟。

第十八条　内局得此通报，即鸣非常警钟，通知附近之消防员役。

第十九条　各处设备器具，如下指挥役首领及副首领掌管之：

唧筒　救火车　旗　指挥旗　手提灯　阶梯　火钩　火衣　水桶　绳　消札

第二十条　消防器具库各班均设定所，其锁钥由各局掌管。

第二十一条　有消防班记号之器具，平时下准使用。

第二十二条　旗提灯均有定式记号。

第二十三条　消防器具使用之后，必扫除干净，且检点有无损坏。如既损坏，应交指挥役，向内局庶务更换，或从速修理，均由总指挥检阅。

第二十四条　正副首领以下及消防手于就业中忽当防御，应照就业之日给予工价，不能停工论。

第二十五条　消防上有特别功劳者，应准各役评议，由总指挥禀请审查，酌给赏金。

第二十六条　因消防伤身者，依救恤规则。

第二十七条　消防手不得擅离各自专掌之职任，有功受赏，限制此例。

第二十八条　总指挥得随时命各班演习消防方法。

第二十九条　消防班遇有山野之灾变，非受总指挥之命令，不得擅往。

共救义会规则

共救义会规则

足尾铜山共救义会为诸职工共同之集合金，救会员中负伤疾病及死亡者之遗族，此设立之目的也。会员即本山之矿夫及职夫，从会员所得工金中，每月抽出一角，满十年者不出。会员中若有退职及罢工者，会费概不退还。其会费之外，有出补助金者定额如下：

一、矿主每年出惠赠金五百圆。

31,9,27

二、职工每年给俸金千分之三。

三、赞成本会之旨趣者，寄赠慈善金。

四、参观本山及与本山共买卖者，得赠义捐金。

五、由矿业所之补助陆续收入金。

本会干事者，会长一名、理事、干事、医员、会计、庶务、应接各若干名，均无俸金。且分救恤之方法为三项：

一项，因伤痍疾病而成废疾者。

二项，因负伤休业、受医疗至五日以上者。

三项，因疾病休业、受医疗至十日以上者。

凡疾病死伤者，区分如下：

一、疾病负伤者，治疗日数依一号表救恤。

二、疾病伤痍二百日以上，尚未全愈者，依二条表救恤。

三、伤痍疾病，许归国疗养者，依三号表一时金救恤。

四、在治疗中，给资调养如成废疾，依四号表救恤。

五、死亡者在治疗中，依一号表给资，再照六号表周济其遗族。

六、得本山认可，归就医疗而死者，应有该地方医师及市町村户籍役场之证据，始得给遗族扶助金。

以上六项中之第五项，受遗族扶助金者，以最近亲族为准。其最近亲族，即以本会之扶助金为之行葬祭、建墓碑，其馀寄交寺院，为之行永远祭祀。

一号表

伤痍疾病疗养给金

伤痍并疾病者疗养每日给金表

醵金年数	一年未满	一年以上二年未满	二年以上四年未满	四年以上七年未满	七年以上十年未满	十年以上
金额	10钱	11钱	12钱	13钱	14钱	15钱

二号表

伤痍疾病者二百日以上疗养每日给金并日数表

金　额	7钱	8钱		9钱			10钱			11钱
醵金年数	一年以上	二年以上	三年以上	四年以上	五年以上	六年以上	七年以上	八年以上	九年以上	十年以上
救恤日数	30日	60	90	120	150	180	210	240	270	300

三号表

伤痍疾病者一时金表

醵金年数	一年未满	二年以上	三年以上	四年以上	五年以上	六年以上	七年以上	八年以上	九年以上	十年以上
金　额	2元10钱	4元80钱	7元20钱	10元80钱	13元50钱	16元20钱	21元	24元	27元	33元

四号表

废疾者扶助金表

醵金年数	一年未满	二年以上	三年以上	四年以上	五年以上	六年以上	七年以上	八年以上	九年以上	十年以上
金　额	10圆至20	12圆至35	16圆至45	18圆至50	20圆至55	23圆至60	26圆至70	29圆至80	32圆至90	35圆至100

31. 9. 28

五号表

死亡者遗族扶助金表

醵金年数	一年未满	一年以上	二年以上	三年以上	四年以上	五年以上	六年以上	七年以上	八年以上	九年以上	十年以上
金　额	15圆	17圆50钱	20圆	22圆50钱	25圆	27圆50钱	30圆	35圆	40圆	45圆	50圆

二十八日　晨，六时，乘马车行，八时四十五分至枥木坪，仍易山舆，十一时抵细尾，至古河公司新建发电所一观，方筑未竣，阅所绘图，将导六百尺自高而下之水激动电机。图中于水之高下、涨落、出入之路，筹画无遗。外人未事审慎，大都如此。二时，乘人力车，诣中禅寺。山径崎岖，下车徒行，喘息不已。途中观华严瀑，一落七十丈，飞沫溅衣。四时三十分，到寓。寓临大湖，湖在山巅，若平置一盂水，清光鉴人，奇景也。开窗闲眺，高不胜寒。午夜，始寝。

细尾发电所

二十九日　九时，返小西别馆。十一时，附汽车，一时至宇都宫。稍憩，易车行，二时四十五分至西那须野。又易马车，六时抵盐原。途中所历，自关谷而北，山回路转，高下不一，所行路倚山傍溪，日夕以后，昏不见人，惴惴惟恐或坠。西风吹面，寒不可禁。抵寓，倦极欲睡。山溪急流，终夜如吼。是日，浴温泉。

至盐原

十月一日　晨，七时三十分出门，西行，遇天狗岩，见温泉迤逦从西来，气腾腾如初出釜。复过盐泽桥、蓬莱桥，隔溪观七弦瀑。又东南访玉垂濑，其地水行若奔马，从一大石陡落，旋成圆流，故名。又过小太郎渊，归寓。

游天狗岩

午后，一时，返西那须野候汽车，六时三十分始行，抵东京已二时，寒夜凄然，深以为苦。四时，寝。此次旅行之先，闻岩村成允君述日光盐原与中禅寺之胜，并云盐原红叶灿烂如绮，故归时纡道往游，不意早霜未降，红叶尚稀，又以时迫，未暇穷观，乘兴而来，兴尽而返，正不独古人为然也。

回到东京

二日　晨，刘武来谈。午后，访殷柯亭柏龄、朱笠峰正本、赵葳叔国瑜，或遇或左。

三日　午后，往小石川区实科学校，干事员市桥虎之助导观电车模型、无线电报及爱克斯电光。电光可透骨，隔皮夹照之，其中贮藏物历历可睹。又游植物园，树木千章，绿阴无际，地高而广，到处皆设坐具。归，及脯矣。

小石川区实验学校

四日　午后，往见岩村成中。归，与湖南莫子兰群论化学原理与其用法。子兰肄业宏文学校理化专修科，甫毕业。河南夏宾南和清、张德三成修来，言全豫留学生将开欢迎会，辞之不果。

五日　晨，至外务省，见岩村成允，商往各学校参观。又至农商务省见农务局长，不值，归。午后，三时，地震五分钟。六时，访朱少屏。

六日　晨，八时，至日本桥区本石町常盘小学校。校中男女生徒一千一百人。学费：高等月收入，八角；寻常，二角。幼稚园，一圆。教员三十人，束脩每月自十八至六十圆不等。岁费一万二千圆，除收学费外，不足之数，由区役所征之民间，而补益之。岁有预算、决算表，

常盘小学学费

31,10,6

用者必核其实，故供者不以为烦。教室凡二十，依次往观。归途，入东京协会陈列所，多精品。午后，徐振孙来。五时，地微震。夜，中雨。

七日　晨，雨。先是，高等师范校长嘉纳治五郎请赴运动会，至是，不果往。殷柯亭来谈。午后，赴亚雅音乐会。五时，归。高仰之朔、顾石臣琅来谈。

八日　雨，尽日不止。午后，有江苏同乡会之招，不果往。参考日本矿业统计图表，午夜方寝。时天晴，凉月在空，寒气逼人。

九日　晨，九时，赴河南同乡会之约。到者三十人，为演说大河南北铁路纵横之势，于吾国权利关系至大。路权已不可挽，矿权自怀庆左右外，余可逐渐振兴，所冀官民一心。又民智未开，宜多设私塾改良会并蒙小学校，庶几教育可以普及。众皆赞成。 河南同乡会

十日　晨，往书肆购地质图书。十一时，赴公使馆，闻座客黄君论在美华工多游手无赖，流寓数十年，无一毫教育，故不齿于外人，沪上争禁约甚力。此自为同胞计，然亦不可不思所以自治之策。深服其言之允。午后，四时，至徐振孙处；又赴赤阪区兴农园购美棉种，不果。观欧美耕具、种具数事，皆新式也。以昏黑归。

十一日　晨，八时，至京桥区筑地潮海小学校。校长笹野丰美君，热心于教育者，接待甚殷，凡所咨询，无不罄告。为言教育无速成之法，非习师范十年，不能得其精神。日人所设速成师范等校，皆以此愚中国，意在牟利而 教育无速成之法

已。又言教育精神，非身受教育者，不能身体而力行之。适幼稚园男女生赴月岛运动，因偕往焉。月岛者，四周环水，其东即东京湾，登堤一观，渺然无际，日兵舰纵横成列，相去咫尺。诸生徒环行而歌，余音悠然。共八十四人，其中有中国女生二，亦习日本曲。饭罢，返校。又观女学生体操，步伐井井。校中，高等寻常男女生共六百，幼稚百五十，教员十六，束脩自十四圆至四十圆，保姆四。校为东京府公立，凡教员，必经考验合格给状，方充，各校皆然。笹野君言：教育关系至大，故郑重如此。午后，三时三十分，赴商业学校。其时，生徒已散学，仅索阅章程而归。

参观富士见町小学

十二日　晨。八时二十分，至麹町区富士见町小学校。前抵东京，即闻此校规则之善，至是前往。校长横须贺纯命人导至各教室，一一参观。有教歌者，教算者，有教国文或裁缝者。所历室十数，大率算事为多。未至幼稚园。凡保姆五，初命唱歌，继与谈话，更有积木、织纸、缀方等事，皆所以启发其聪明、鼓舞其兴会。幼稚所歌，娓娓可听。又观寻常第一年级女子体操，步伐整齐，虽吾国男子未之敢望。又观群鹊舞，四人蝉联接手，踏步为乐。全校男女生一千八十八，幼稚一百二十五，教员二十七。收入学费八千三百二十四圆，支出一万一千二百九十四圆，不足二千九百七十九圆，由国家补助。午后，三时，赴京桥。晚，六时，冒雨至李子申宝巽处，饭。

十三日　晨，微雨，旋止。九时，赴本乡区高等女子

31,10,13

师范学校。校中附设小学及幼稚园，庶务员富冈龟门导观一周，自幼稚以至寻常、高等两小学，又高等专修科预备科，以及高等师范。其层级以次递进，至高等师范，则程度益高。大要分文科、理科二大纲，国文、英语、汉文、历史、地理属之文科，数学、物理、化学、博物、裁缝、图画属之理科，若夫伦理、体操、教育、音乐各学则两科皆列。浴堂、寝室、医局、药房一一具备。布置之精密，与教育之精神，非他处可及。岁费将十万圆，所收学费不过二万圆。师范资格最难，每有高等小学卒业，又入预备科二年，及期试不合格，终不许入师范者。教育为人才所系，其甚重，宜也。

高等女子师范学校布置精密资格最难

十四日　晨，雨，旋日出。八时，赴本乡区森川町第一高等学校。此校为大学预科，合计千人有奇，内中国籍二十。适与施熙台遇，施在校之中国生也，导观各处，自图画、生理、物理、地质、矿物，以至化学、测量各教室，纵览一周。物理教员试验声浪与光色分原法。午后，赴芝区警察传习所，观兵式、体操。东京警察分署二十四所，派出巡查三千八百人，薪资自九圆至十五圆，首领则自十五圆至二十五圆不等。警察学生由中学或高等小学卒业，人品端正，身体合格，又年在二十至四十五岁者，皆可。传习学科：一警察法；二、刑法；三、刑事诉讼；四、兵操。毕业后，派充巡查，必认义务五年，方可入学。

大学预科中国学生

东京警署

十五日　晨，八时卅分，至上野乘汽车，抵田端，下

蚕业讲习所

车步行，赴北丰岛郡西原蚕业讲习所。留学之福建邱德士中馨导观。初入茧丝标本室，罗列日本诸种，旁及法、意、中国之茧之丝，法、意较中、日不逮远甚，而日丝亦不逮中丝。继观消毒器，凡五、六式，皆以亚尔果儿水入器而喷出之，一名喷务器。桑叶模型摹拟逼肖，于天牛桑蠋诸害虫，一一考其生育变化之理、驱除之法。又观藏种箱、养蚕室、贮桑室，其中于温度之高低、光线之向背，悉有准则。又以民艰于资，未能完美，另构草室，隔以竹木种箱。桑室不似前此之精，而适于用，使实习生徒互易其地，期于民间一律仿行。十一时，观缫丝机械，法、意二国所用机式与日本自制机并列。杀蛹器用蒸汽力、火力二种，蒸汽力大而费巨，故又设火力一种。检丝器则较其长短，验其脆韧。同功茧、污茧、屑茧，吾国所视为无用者，皆有新器缫之。又有水质监定所，缫丝所用之水，必先从炭沙滤过，然后应用。所长木多岩次郎，曾于光绪二十四年至中国视察蚕事。所中毕业生先后一千七百四十人。三时，至农事试验场。遍观害虫之标本、肥料之类别，一麦之茎，一稻之穗，一烟草之叶，当时所受何害，及覆考察，谋所以消除之法。陈列全国土壤，一一化分其原质，何土宜稻，何土宜桑、宜茶、宜烟，悉数标明。场内则于同等器内，置相当之土，试验有肥无肥，与各种天生或人力之肥料。又于同等器内，置相当之肥料，试验全国土壤，若粘土、沙土或沙杂土、淤杂土，各于其内种麦，以较其收获之数。另有玻璃屋，增其热度，验农物之

亚尔果儿水(alcolol 酒精)

“及覆”当作“反复”

31,10,15

生长。又有铁丝罩，以验各虫之如何贻害。大致场事分二部：一自行试验，一为民间试验。试验有得，必报告于众，以资则效。查日本全国农民四百九十七万六千二百五户，水田二百八十一万四千六百七十六町（一町即十反，当中国十六亩），陆田二百三十七万九千八十五町，地不加辟，而收获之量日增。尝纪其前后十年之数：

实验有得报告于众

麦收比较表

麦收比较表

明治二十九年	17,340,466 石
同三十年	18,005,490
同三十一年	20,462,053
同三十二年	19,335,952
同三十三年	20,398,385
同三十四年	20,658,217
同三十五年	18,425,626
同三十六年	13,545,105
同三十七年	19,642,242
同三十八年	20,289,676

麦收三十四年最丰，三十六年最歉。本年收获二千二十八万九千六百七十六石，比去年多六十四万七千四百余石，比最丰之三十四年少三十六万八千五百余石。

稻收比较表

明治二十八年	39,960,798 石
同二十九年	36,240,351

续表：

稻收比较表

明治二十八年	39,960,798 石
明治三十年	33,039,293
同三十一年	47,387,666
同三十二年	39,698,258
同三十三年	41,466,422
同三十四年	46,914,434
同三十五年	36,932,266
同三十六年	46,473,298
同三十七年	51,401,997

三十八年尚无统计，而福岛、宫城、岩手三县秋收告歉，比常年减额甚巨，未必能于三十七年之数。若以去年与十年前相较，增量一千一百四十四万一千一百九十九石，未尝非农事改良之效。据第二十一次议会众议院所调查，自改良后，每年支出费用一百万圆，增入价额四十九兆二亿五万六千圆。兹纪其数：

改良农事利益表

改良农事利益表

一　稻增数　19,457,000 石	价　214,000,000 元
甲栽培改良增收	14,900,000 石
乙盐水选种量节省	88,000 石
丙通苗代废止增收	286,000 石
丁耕地整理及排水实行增收	4,183,000 石
二　麦增收　24,033,000 石	价　144,200,000 元

31,10,15

续表：

一　稻增数	19,457,000 石	价　214,000,000 元
甲栽培改良增收		13,482,000 石
乙盐水选种量节省		158,000 石
丙耕地整理及排水实行增收		10,383,000 石
三　肥料用窒素增产	16,541,000 贯	价　35,563,000 圆
四　茧增收	248,000 石	价　9,920,000 圆
五　丝量增收	99,077 贯	5,573,000 圆
合计：四十九兆二亿五万六千圆		

改良农事费用表

改良农事费用表

一　农商务省农务监督费	18,200 圆
二　农商务省耕地整理及排水专务技师设置费	11,300
三　农商务省畜牛技师设置费	6,000
四　地方农务监督费	85,000
五　奖励耕地整理及排水事业费	140,000
六　原种子用米麦栽培费补助	15,000
七　种子用米麦栽培奖励费	213,000
八　收获保证奖励费	155,000
九　奖励牛马耕地费	110,000
十　改良饲蚕法及设置共用饲育所	110,000
十一　共同杀蛹乾茧所设置补助费	46,000
十二　产牛奖励费	90,000
合计：一百万圆	

日本农校

改良之功，不得不归于学校。考日本全国农校：

校　　名	设立别	位　　置
大阪府农学校	府　立	大阪东成都鹤桥
宫城县农学校	县　立	宫城名取郡茂崎
石川县农学校	县　立	石川能美郡小松町
山口县农业学校	县　立	山口吉敷郡大内
大分县农学校	县　立	大分北海郡臼杵
兵库县农业学校	县　立	兵库明石町助石町
富山县农学校	县　立	富山砺波郡福野町
高知县农业学校	县　立	高知高知市
福井县农业学校	县　立	福井福井市
岩手县农学校	县　立	岩手县
滋贺县农学校	县　立	滋贺县长滨町
青森县农业学校	县　立	上北郡三本木村
群马县农业学校	县　立	群羊县吾妻郡
枥木县农业学校	县　立	枥木县那须郡野崎村
佐贺县农业学校	县　立	佐贺佐贺郡神野
秋田县农学校	县　立	秋田南秋田郡寺内
京都府农业学校	府　立	京都葛野郡桂村
山口县简易农学校	县　立	山口吉敷郡大内
上伊那郡简易农学校	郡　立	长野上伊那郡伊那
山形县北村山郡简易农学校	郡　立	山形北村山郡楯冈

31,10,15

日本农校

续表一：

校　　名	设立别	位　　置
乌取县农学校	县　立	乌取久米郡社
千叶县农业学校	县　立	千叶町
茨城县农学校	县　立	茨城水户市
鹿儿岛县农学校	县　立	鹿儿岛县鹿儿岛
静冈县农学校	县　立	静冈县盘田郡见付町
栗原郡简易农学校	郡　立	宫城县栗原郡
远田郡简易农学校	郡　立	宫城远田郡涌谷
川上实业补习学校	组合立	冈山川上郡东成羽
佐川实业补习学校	组合立	高知高冈郡佐川
冈山县农学校	县　立	冈山市
伊作男子实业补习学校	村　立	鹿儿岛伊作村
介良郡实业补习学校	组合立	高知长冈郡介良
进修农业补习学校	村　立	兵库冰上郡国领
金田农业补习学校	组合立	山梨东八代郡国立
本乡农业补习学校	村　立	山形西村山郡本乡
川上农业补习学校	村　立	佐贺佐贺郡川上
富高农业补习学校	村　立	宫崎东臼杵郡富高
纹鳖农业补习学校	村　立	北海道有珠郡西纹鳖
八幡农业补习学校	村　立	广岛奴可郡八幡
市香农业补习学校	村　立	德岛阿波郡市香
太田农业补习学校	村　立	岩手南岩手郡太田

续表二:

校　　名	设立别	位　　置
伊香农业补习学校	组合立	滋贺伊香郡北富永
堀川农业补习学校	村　立	富山上新川郡堀川
妙见寺农业补习学校	村　立	山形南村山郡东泽
大野农业补习学校	村　立	北海道龟田郡大野
东京高等农学校	私　立	东京府涩谷村
伊藤农学校	私　立	千叶海上郡高神
明农学馆	私　立	干叶夷隅郡大多喜

日本农场

全国农事试验场

名　　称	位　　置	国库补助金	设立认可年月
东京农事试验场	西ヶ原		
畿内支场	大阪柏原村		
九州支场	熊本县托麻郡出水村		
陆羽支场	秋田县仙北花馆村		
园艺试验场	静冈县兴津町		
东京府农事试验场	丰多摩郡中野町		明治三十三年四月
京都府农事试验场	葛野郡桂村		同三十三年一月
神奈川农事试验场	桥树郡保土谷村	1,200元	同二十九年七月
兵库县农事试验场	明石郡明石町王子村	1,700	同二十七年十一月
长崎县农事试验场	长崎市川郡	1,500	同三十年十二月
新潟县农事试验场	古志郡长冈本町	1,900	同二十八年八月
琦玉县农事试验场	大里那玉井村		同三十三年四月
群马县农事试验场	前桥市岩神村	1,600	同二十八年九月
茨城县农事试验场	茨城郡酒川村	1,200	同三十三年二月

31,10,15

日本农场

续表一：

名　　称	位　　置	国库补助金	设立认可年月
枥木县农事试验场	宇都宫字宿乡町	1,100	同二十八年九月
奈良县农事试验场	奈良市油坂	1,200	同二十八年四月
三重县农事试验场	津市船头町	1,000	同二十七年十月
爱知县农事试验场	西春日井郡寺野村	2,000	同二十七年十一月
山梨县农事试验场	甲府市百石町		同三十三年二月
滋贺县农事试验场	滋贺郡膳所村	1,500	同二十八年五月
长野县农事试验场	上水内郡芥田村	1,500	同三十年一月
福岛县农事试验场	安积郡小田原村	1,400	同三十年一月
青森县农事试验场	东津轻郡新城村		同三十三年三月
山形县农事试验场	东村山郡出羽村	1,000	同二十九年十月
秋田县农事试验场	河边郡牛岛町	800	同二十七年十一月
富山县农事试验场	东砺波郡福野町	600	同二十七年十二月
岛根县农事试验场	八束郡朵村	1,600	同二十九年八月
八田分场	周吉郡八田村		同二十九年八月
吉田分场	美野郡吉田村		同二十九年八月
冈山县农事试验场	御野郡伊岛村		同三十三年二月
广岛县农事试验场	广岛市国泰寺村		同三十三年二月
山口县农事试验场	吉敷郡大内村	1,500	同二十九年四月
香川县试验场	香川县栗林郡	1,200	同三十三年一月
爱媛县试验场	温泉郡余土村		同三十三年二月
南豫分场	北宗和郡八幡村		同三十三年二月
南豫分场	周桑船小松村		同三十三年二月
高知县试验场	福冈郡长冈村	1,200	同三十二年九月
福冈县试验场	福冈寺博多东本洲町	1,800	同二十七年十二月

续表二：

名　　称	位　　置	国库补助金	设立认可年月
佐贺县试验场	佐贺郡神野		同三十三年三月
宫崎县试验场	宫崎郡赤江村	700	同三十二年五月
鹿儿岛县试验场	鹿儿岛荒田村		同三十三年二月

全境农学校四十八，蚕学校十一，农事试验场四十一。以明治三十三年，即光绪二十六年建设为最多。太史公曰：善者因之，其次利导之，其次教诲之，其次整齐之。日之孜孜于此，国虽小，何患焉！复将每一反步（一反步当中国一亩又一百六十弓）收量与其价额列为表：

年　　次	一反步平均收量	一石最高价	一石最低价	平均价	关于收获之影响
明治二十八年	1,435 石	9.60 圆	8.40 圆	9.00 圆	虫害
同二十九年	1,298	11.40	9.70	10.55	虫害
同 三 十 年	1,185	14.80	11.00	12.90	虫害
同三十一年	1,682	18.40	10.50	14.45	
同三十二年	1,394	12.90	9.50	11.20	虫害
同三十三年	1,466	13.90	12.70	13.30	虫害
同三十四年	1,648	15.10	11.30	13.20	气候不顺虫害
同三十五年	1,297	14.90	11.40	13.15	虫害
同三十六年	1,623	14.70	11.70	13.20	
同三十七年	1,785	13.50	12.60	13.05	

十年之间而受虫害者七，故试验场讲求驱除预防之法甚至，平均量亦既增于前日矣。惟以四千六百七十三万二

31,10,15

千馀之人口，内产不足，不得不藉资外产。又考明治元年以来输入米量：

输入米量

年 次	米 量	价 额
明治元年	209,772 石	435,955 圆
同 二 年	1,620,713	4,431,886
同 三 年	5,377,108	14,598,114
同 四 年	419,579	1,260,178
同 五 年	……	……
同 六 年	19,093	29,784
同 七 年	11,753	24,366
同 八 年	10,240	22,226
同 九 年	240	590
同 十 年	116	299
同十一年	22	66
同十二年	124,985	248,271
同十三年	198,303	434,315
同十四年	54,168	134,837
同十五年	7,169	20,134
同十六年	42	69
同十七年	5,852	11,528

输入米量

年　　次	米　　量	价　　额
同十八年	295,989	674,329
同十九年	9,814	18,757
同二十年	70,218	129,315
同二十一年	12,177	21,628
同二十二年	51,737	136,755
同二十三年	4,596,594	12,392,883
同二十四年	1,678,007	3,907,991
同二十五年	824,311	2,052,900
同二十六年	1,399,079	3,254,842
同二十七年	3,304,628	8,413,148
同二十八年	1,685,352	4,357,096
同二十九年	1,862,002	5,662,336
同三十年	6,301,394	21,528,428
同三十一年	11,696,252	48,219,810
同三十二年	1,650,592	5,960,166
同三十三年	2,286,979	9,021,536
同三十四年	3,111,938	11,878,956
同三十五年	4,509,072	17,750,816
同三十六年	12,163,405	51,960,272
同三十七年	14,731,785	59,791,910

31.10.16

输入米三年比较

输入米原产国别近三年比较表

国别＼年次	明治三十五年		明治三十六年		明治三十七年	
	数量	价额	数量	价额	数量	价额
英领印度	1,712,928石	7,225,483圆	6,071,437元	27,427,674圆	7,999,870石	35,857,910圆
同海峡殖民地	80,434	304,873	7	31	8,360	39,819
中国	90,401	341,689	432,046	2,044,891	191,489	817,611
韩国	891,186	3,961,321	1,043,600	4,781,217	327,786	1,578,629
兰领印度	……	……	2	12	30,395	130,600
法领印度	1,324,789	4,651,394	3,638,101	14,207,367	4,380,687	15,788,870
暹罗	409,037	1,265,970	977,169	3,498,945	1,793,129	5,577,942
其他诸国	27	93	43	131	69	526
合计	4,509,072	17,750,814	12,162,405	51,960,268	14,731,785	59,791,907

三十七年输入米量一千四百七十三万一千七百八十五石，而是年收获五千一百四十万一千九百九十七石，合内外产共六千六百十三万三千七百八十二石，较三十六年多七百四十九万六千八十二石、三十五年多二千四百六十七万四百四十七石，需米之数日渐增多，而全国耕地面积仅此五百二十万町步，无可扩充，宜乎殖民之计之力也。

上野博物馆

十六日　午前，九时，至浅草公园，观动物园水族馆，复至京桥区观陈列所。午后，三时，至上野博物馆。其中罗列繁富，自矿石与古陶器、铜器、衣服、书画、钱币及宗教各品，分别本国、异国，各标其地址、时代、供人、研究。埃及木乃伊三具，亦在其中。

振武学校

十七日　九时，至外务省晤岩村成允。午后，二时，至牛込区振武学校，历观讲室、寝室、体操诸事。校为我国特设，生徒三百八十人，学期一年三阅月，毕业先入联队练习，然后再入士官。据舍监长屋铸三郎言：日人入联队者，须中央幼年学校五年毕业，兹为一年三月，不得不加删节。武备为一国命脉所系，国威不振，以尚武精神为先。缩五年学科于一年三月之中，简略可知。然则此校为吾国留学生专班，亦不过利用其名而已。教育之权授于外人，固无怪其然也。

武备为一国命脉

十八日　午前，十一时，至古河公司。返寓，浙江朱旭初曜来谈，旭初留学法政二年矣。午后，二时，至深川区古河炼炭所。其庶务员伊部为久导观贮炭所、烧焦所，合烟煤、白煤入炉，四十八小时成焦，每百分得焦炭五十、灰分十二，馀皆化散。足尾铜山月需一千五百吨，悉资于此。炭矿出自北海，由北海道致之东京，炼焦后仍致之足尾，所费不赀。而足尾为著名铜矿，平均成铜仅百之一二。河南济源矿石，平均成铜百之一五，炭矿相距不及五十里，若有人起而图之，于古河氏未遑多让也。是日，摄氏表升至七十度，大风扬尘，竟日未已。夜，雨。

古河炼炭所

十九日　晨，起，雨未止。摄氏表降至五十九度。午后，三时，赴河南同乡会之约，八时归。

二十日　晨，八时，赴小石川区盲哑学校。校长小西信八言：全校哑生适有看菊之举，是日停课。因偕教员石川重幸君，观盲生读书及认字、写字、习琴、唱歌、针治、按摩之法。教科书图、笔画凸起，石川君试以名刺书字，与之辨认，又命读国文教科书，一一无误。校公寻

盲哑学校

31,10,20

常、技艺二科。

盲哑学校课目表

寻常科	盲生	国语	算术	修身	地理	历史	体操
	哑生	读方	习字	作文	算术	笔谈	体操
技艺科	盲生	音乐	针治	按摩			
	哑生	图画	雕刻	指物	裁缝		

以上两科，各五年卒业。全校哑生二百二十人，内有中籍二人；盲生八十人，内有中籍一人。正助教员二十四人，岁费一万六千三百八十二圆。明治八年创设，后逐渐扩张。十一时，至高等师范学校。校分本科、预科：

预科科目	一年毕业	伦理	国语	汉文	英语	数学	图画	音乐	体操
本科科目	三年毕业	国语	汉文	英语	地理	历史	博物	化学	

校中生徒五百七十人，内有中籍二十人。午后，二时，偕外务省岩村成允，同至地方裁判所，已停审。乃观控诉院，中坐判事长一，左右坐判事四，再左坐检事，再右书记生，其下五六人皆辩护士。犯者右侧，坐有巡警二人，守之。此为刑事，听良久，返寓。八时，朝海校长笹野丰美来谈，极言中国教育之亟，并以幼稚园织纸、组纸各事为赠。夜，雨。是日，午后，五时，地震。

地方裁判所控诉院

二十一日　晨，起，雨，未出门。八时，地又微震。日为岛国，其国土成立之原因，实由火山磅礴郁积，而后突起，全境火山多至一百七十处，故地震最多。

高等工业学校立校宗旨

二十二日　晨，八时二十分，至浅草区高等工业学校、校中附属职工徒弟学校，又教员养成所。生徒七百余，隶中籍者十。立校宗旨：一、为养成工业教员；二、为养成工师；三、为养成徒弟。学校之教员四，为各工场工匠夜间来校补习。岁费十五万圆。全国高等工业学校四：曰东、西京，曰大阪，曰名古屋。大阪重机械，西京重染织，此校重在养成教员，故彼三校之教员悉资于此。因考其科目与创立以来卒业人数：

本校学科分目	创立以来卒业人数
染　织　科	164
窑　业　科	155
应用化学科	118
机　械　科	598
电　气　科	68
工业图按科	8
计	1,011

附属职工徒弟学校	卒　业　人　数
木　工　科	56
金　工　科	130
计	186

31.10.23

附属工业教员养成所	卒业人数
机械科	19
建筑科	28
染织科	9
窑业科	14
应用化学科	14
工业图按科	9
计	84

附属工业补习学校	卒业人数
木工科	4
金工科	12
计	16

其中以图画、机织为精。日本工业导源于欧美，畅流于吾国，近且有加无已。据言，中国将派生徒三十名来校。吾不知此校视政法速成科虚实奚若；又不知此三十名，视八千留学生多寡奚若，何以此寡而彼众？午后，二时，观京桥区冲商会电气工场。

中国将派生徒三十来校

二十三日　晨，九时，诣本乡区汤岛，拟谒孔庙，未果。往见杨星使，又未值。至兴农园，定购羔棉种及三桠树种，归。

二十四日　晨，九时，复至地方裁判所，观民事裁判法。见判事三人，辩护士七八人，一一代为陈诉；原、被两造，列坐其次，不置一词。十一时，至农商务省，询矿事。午后，三时，晤杨星使。是日，摄氏表至七十度。晚，归，汗涔涔下。夜，大风起。

法政大学

二十五日　晨，九时，往法政大学，观第一、第二教室，听松井学士及小野塚博士讲警察法、行政法。十二时，至巢鸭观监狱，都凡一千九百六十七人，工厂六，自革工、木工、铁工、竹工以至纺织、缝纫、炊爨之事，悉以罪人任之。每七日一集于庭，为演说人伦道德之要旨，以冀悔悟。岁费十五万圆，工作获利，除以之资助本犯外，入公家者二万圆。

本乡孔庙

二十六日　晨，八时三十分，赴本乡区孔庙，拜瞻圣容，颜、曾、思、孟左右列坐，皆肖像也。岁时致祭，一如吾国。庙内陈列教育品，自理化测算各仪器，以至标本、图画，靡不备者。中国应试之卷摺、训蒙之读本，亦复罗列其间。十时，观明治大学。午后，二时，往警视厅，见第二部长黑金正义与第一课长黑柳重昌，导观陈列室、检役所、消防署。陈列室所悬图，吾国内地巡警兵皆在其列，服装参差，以形式论，亦未能彼若也。消防署长土田园之助，于防火之法与其器具，言之娓娓，历二小时，始毕。

二十七日　晨，赴十文字商舍、丸山舍，购蚕事用自动喷雾器、屑茧缫丝器。午后，三时，赴岩村成中家，晤其兄岩村成允，畅谈良久，饭罢，始散。复至森田馆，晤赵善臣从嘉；蛟龙馆，晤余良卿廷珪，约明日至炮兵工厂参观。赵、余，皆以知县游历者也。

31,10,28

二十八日　晨，九时，至炮兵工厂。厂中所制炮弹，自九生的至三十二生的枪，皆明治三十四年式。全厂各机皆备，惟不炼钢。据云，大阪另有炼钢厂。十二时，至留学生总会馆。一时，归寓。 “生的”即厘米

二十九日　晨，九时，至东京盐务局，晤局长菅野盛次郎。询知日本全国设局二十二，出张所百六十，岁产盐量一百一十兆五亿一万三千三百八十六斤，悉局中专卖。其防私之法，大致与吾国等。日境环海，以恒雨故，盐产不足，每假外产以补之。去年，我国输入盐六十六万七千四百六十斤。午后，二时，至三井矿务会社，与工学士小田文太郎论试采铜矿之法与其费用。据言，试验工程，应先辨矿脉、矿层二类，矿层多平线，矿脉多立线。平线穿穴，每丈工费五十圆，立线二十倍。是在矿师之精练与否耳。 东京盐务局

三十日　未出门，考查中日输出入货物，因举其与吾国有关系者，互证参观，列为表：

中日输出入总数表一 中日输出入之比较

日　本 明治三十七年	输入	371,360,738 圆	合计 690,621,633
	输出	319,260,895	
输入超过		52,099,843	
中　国 光绪三十年	输入	344,060,608 两	合计 583,547,291
	输出	239,486,684	
输入超过		104,573,925	

中国以两计，日本以圆计。输入之数，中过于日十分

之一七有奇。然日地居我二十五之一，人民居我十二之一，则中国之输入，宜其超过于日本，但输出之数反较日本为少。

中日输出入总数

中日输出入总数表二

年　　别	日本输至中国数	中国输至日本数	中国负数
光绪三十年 明治三十七年	67,985,872 圆	54,810,335 圆	13,175,537 圆
光绪二十九年 明治三十六年	64,994,180	45,458,057	19,536,123
光绪二十八年 明治三十五年	46,838,545	40,590,858	6,247,687
光绪二十七年 明治三十四年	42,925,579	27,256,986	15,668,593
光绪二十六年 明治三十三年	31,871,576	29,960,740	1,910,836

观日本三十七年输出中国数额，较前五年，惟倍中之输于日者，虽不及倍，然亦所负无几。惟是增进之数，终不及日本之多。合此五年，共负五十六兆五亿三万八千七百七十六圆，平均计之，年亏十一兆三亿七千七百五十五圆，当我岁入十之一，漏卮不为不巨。又观日本输出全数，三百十九兆二亿六万八百九十五圆，运至我国已有六十七兆九亿八万五千八百七十二圆，居其输出数十之二一有奇，且日进而未已。我于日本尚难抵制，欧美更无论已。

31,10,30

日本输入中国货品

光绪三十年日本输入中国货品类别表

类　别	数　量	价　额
茶	964,704 斤	86,791 圆
豆　类	32,652 斤	1,801
米	8,396 石	55,492
诸谷类	……	10,721
海　参	825,040 斤	878,171
干　鱼	3,235,704 斤	596,964
咸　鱼	399,992 斤	29,325
诸海物类	……	2,125,219
糖果额	……	147,097
麦　粉	50,189 斤	3,023
酒　类	……	1,457,344
调和食物类	……	727,710
蔬果类	……	60,523
索　面	12,951 斤	1,209
罐头类	……	297,628
钮　扣	……	223,887
服饰类	……	652,816
麦杆制品	……	87,052
晒白粉	283,012 斤	17,108
樟　脑	5,388 斤	5,785

日本输入中国货品

续表一：

类　别	数　量	价　额
樟脑油	50斤	10
药物类	……	402,477
硫　黄	2,349,205斤	55,235
硫　酸	1,890,430斤	61,443
化学材料	……	144,895
染　料	……	5,007
安的摩尼	43,267斤	6,050
同制器	……	3,078
荒　铜	393,538斤	130,960
熟　铜	21,645,717斤	8,386,768
板黄铜	72,842斤	38,820
薄板铜	902,199斤	382,001
铜　丝	68,024斤	28,331
白　铜	450斤	271
白铜丝	62,910斤	24,996
其他诸金属	……	593,116
诸油类	……	99,560
纸	……	1,275,660
纸制品	……	192,021
皮毛类	……	71,104
绸绢类	……	537,356

31,10,30

日本输入中国货品

续表二：

类　别	数　量	价　额
棉布类	……	4,074,318
洋棉纱甲	61,917,342 斤	22,783,214
洋棉纱乙	2,930,537 斤	1,361,997
绣　货	……	13,647
丝缕杂类	……	304,106
纸卷烟	427,906 个	1,272,316
烟　草	47,118 斤	32,026
木　炭	62,441,349 斤	850,822
石　炭	1,151,237 斤	5,402,180
焦　炭	8,050,154 斤	73,559
木　材	……	885,905
铁道枕木	……	402,244
屑　丝	149,694 斤	20,077
皮、布制鞄	62,027 斤	120,991
竹制品	……	9,636
书籍杂志	……	112,554
钟表类	92,312 个	269,371
刷　类	……	59,407
牙　粉	……	54,582
扇　子	……	43,575

续表三：

类　别	数　量	价　额
玻璃品	……	517,035
漆　器	……	
人力车	680 辆	
匠用器类	……	
机械类	……	
书　画	……	
学术用具	……	
硷	……	
珍玩具	……	
香水及油	52,652 打	
伞	……	
汽船帆船	5 只	
磁　器	……	194,633
杂　物	……	701,866
合　计		66,865,876

另有外国货品，由日本转输出口者，计价一百十一万九千九百馀圆，不在此列。

光绪三十年中国输入日本货品类别表

中国输入日本货品

类　别	数　量	价　额
茶	119,968 斤	21,657 圆
盐	667,461 斤	4,385
酒	……	4,662

31,10,30

中国输入日本货品

续表一:

类　别	数　量	价　额
鸡　蛋	……	492,739
谷　粉	……	392
糖果诸类	……	10,801
诸食物类	……	15,997
服饰类	……	8,517
装饰类	……	1,484
明　矾	2,770,255 斤	80,951
龙脑及艾片	7,848 斤	53,257
桂皮油	17,416 斤	25,861
芳香性油	……	837
麝　香	35,244 两	75,552
甘　草	469,256 斤	51,419
大　黄	115,023 斤	16,709
松脂类	……	3,097
药材类	……	79,120
漆	353,779 斤	150,445
朱	57,702 斤	81,618
染料类	……	19,187
豆	1,625,832 石	5,219,763
菜　子	1,183 石	3,797
米	191,489 石	817,611

中国输入日本货品

续表二：

类　别	数　量	价　额
棉子	534,128 石	794,684
胡麻子	75,673 石	414,332
小麦	5,172 石	17,099
谷类	……	6,590
羊皮	739,019 件	895,401
猪鬃	92,350 斤	118,602
兽毛类	93,085 斤	41,779
牛皮	2,714,713 斤	1,006,140
鹿皮	70,793 斤	28,821
马皮	4,896 斤	823
诸熟皮	12,559 斤	6,691
贝壳	1,620 斤	717
鳖甲	324 斤	1,200
诸牙角类	……	7,082
钢铁	……	324,717
安的摩尼	1,608,049 斤	100,608
矿铁	645,613 石	260,746
铅	118,367 斤	2,694
阿铅块及锭	741 斤	117
又故板	68,514 斤	4,784
杂金类	……	2,632

31,10,30

中国输入日本货品

续表三:

类别	数量	价额
蜡烛	406 斤	105
蓖麻子油	108,573 斤	13,364
其它诸油类	……	162,532
书籍	……	38,309
纸	……	32,993
诸文具类	……	3,927
糖	271,489 石	1,067,451
缫棉	1,141,176 石	30,678,241
棉花	48,875 石	421,463
更纱	160 方码	105
故绵及屑绵	294,957 斤	18,788
诸棉布类	……	30,994
羊毛	5,835,121 斤	1,842,309
茧	540,178 斤	401,316
山蚕丝	186,946 斤	548,084
绌类	149,663 方码	67,380
苎麻	9,441,152 斤	1,197,512
麻织丝	889 斤	751
麻绳	32,494 斤	6,022
夏布	1,702 方码	1,289
毡类	……	1,741

中国输入日本货品

续表四：

类别	数量	价额
线类	……	26,995
烟草	1,967 斤	891
牛	24 头	815
马	34 头	7,725
绵羊	1,018 头	10,156
石膏	3,082,232 斤	36,833
阿胶	30,328 斤	2,538
阿胶原料	2,985 斤	156
兽脂	40,960 斤	4,883
兽骨	15,150,511 斤	323,617
豆饼	1,065,081 石	3,258,167
棉饼	130,027 石	316,007
菜饼	420,267 石	920,058
诸肥料	……	743,081
藤	1,021,854 斤	131,841
桐木	666,668 斤	17,242
紫檀	259,340 斤	7,776
杂木料		15,090
家具		6,671
囊类	80,950 个	6,589
珠玉类		65

31,10,30

续表五：

类别	数量	价额
包席	6,317,738个	518,695
陶磁器		8,261
石硷	410斤	46
草帽辫	854,354束	137,515
香类		163
汽船	1只	50,000
杂品		149,053
合计		54,519,782

另有日人在中国制造物品，计价二十九万零六千二百馀圆，由中国输入日本，不在此列。

中国输入日本重要品前二年比较表（零星未计）

中国输入日本货品二年比较

年别 货品	光绪二十八年		光绪二十九年	
	数量	价额	数量	价额
鸡蛋		1,193,054圆		814,474
大豆	1,050,809石	2,780,633	1,489,134	4,234,844
小豆	143,344石	458,672	231,611	692,380
蚕豆	56,561石	129,280	138,030	336,825
粟	181,603石	389,441	3,589	9,942
菜子	210,285石	769,917	144,106	488,001
米	90,401石	341,688	430,046	2,044,861
棉子	563,068石	787,547	614,599	828,900

中国输入日本货品二年比较

续表一：

货品＼年别	光绪二十八年		光绪二十九年	
	数量	价额	数量	价额
芝麻	79,084 石	424,761	70,408	368,364
小麦	761 石	2,038	633,895	2,227,587
毛皮	100,037 枚	51,926	62,423	44,735
牛皮	136,019 斤	26,680	88,936	17,627
其他诸熟皮	25,430 斤	14,860	22,366	13,163
块铁	2,938,004 斤	49,260	50,802	713
矿铁	799,240 石	343,674	861,944	360,488
铅	……	……	49,361	3,551
锡	10,881 斤	6,403	2,542	1,902
亚铅	2,500 斤	256	50,439	5,954
砂糖	214,572 石	840,321	266,948	1,032,244
绵纱	753,584 石	16,388,978	687,223	15,609,162
棉花	81,182 石	623,010	70,346	547,318
羊毛	1,246,820 斤	288,126	1,417,110	324,201
茧	648,680 斤	546,032	1,008,300	926,855
柞蚕丝	418,463 斤	955,275	250,575	596,725
苎麻	6,113,329 斤	999,630	7,619,972	902,937
麻织丝	3,867 斤	3,029	1,334	1,078
兽骨肥料用	15,230,043 斤	304,932	13,535,203	254,918

31,10,30

续表二：

货品＼年别	光绪二十八年		光绪二十九年	
	数　量	价　额	数　量	价　额
豆　饼	3,653,575石	8,003,202	3,204,697	7,536,984
棉子饼	59,773石	116,810	159,703	312,299
菜　饼	316,120石	485,639	373,387	708,609
包　席	5,975,949	358,980	5,603,243	464,132

日本输入中国重要品前二年比较表（零星未计）

中国输入日本货品二年比较

货品＼年次	明治三十五年		明治三十六年	
	数　量	价　额	数　量	价　额
绿茶锅焙	143,753斤	28,700圆	19,874斤	3,072圆
同篮焙	141,323斤	28,776	6,137	2,429
砖　茶	5,595斤	712	1,490	214
粉　茶	329,880斤	20,230	112,318	6,329
洋　粉	574,171斤	417,899	421,229	276,127
酱　油	112,816升	20,644	101,354	18,804
罐　头	……	40,475	……	44,518
钮　扣	777,510颗	231,400	605,702	166,587
洋　服	……	234,891	……	210,331
洋　帽	27,256打	64,435	23,674	79,884
荒熟铜	5,793,453斤	1,814,291	10,539,123	3,767,082
薄板铜	343,453斤	149,877	565,963	241,834

续表一：

中国输入日本货品二年比较

货品＼年次	明治三十五年		明治三十六年	
	数量	价额	数量	价额
白铜	1,200斤	800	……	……
菜子油	105,073斤	13,228	126,064	17,656
蜡	7,378斤	1,304	6,664	1,473
拟洋纸	1,373,333斤	162,488	2,555,847	481,253
薄叶纸	24,978斤	11,963	6,606	5,000
连史纸	232,145刀	103,717	523,203	181,260
东洋纸	484,149斤	138,057	389,759	115,829
杂纸	55,744斤	34,646	75,460	50,233
毛皮	4,921枚	2,943	881	793
生皮	1,657斤	400	27,148	3,464
熟皮	23,177斤	43,925	55,760	52,403
羽二重	1,872斤	19,183	9,753	136,002
甲斐绢	3,308码	1,189	15,395	4,990
绢绵织缎子	285,310码	177,311	376,266	281,520
诸绢布	5,121段	35,136	8,292	69,976
绢制手巾	4,907打	17,523	14,231	64,476
绵纱	52,519,441斤	17,495,928	83,782,212	28,338,366
绉布	482,837码	43,163	575,697	56,646
洋布	8,864,888码	833,680	10,349,248	667,617

31,10,30

中国输入日本货品二年比较

续表二：

年次 货品	明治三十五年		明治三十六年	
	数量	价额	数量	价额
漂白洋布	200,000 码	20,850	1,699,432	184,078
其他诸布	……	1,189,718	……	1,740,966
浴巾	491,486 打	456,670	592,068	590,058
地毡	25,540 方码	17,808	41,660	26,021
纸卷烟	468,455 千个	1,501,053	375,648	1,300,353
竹器	……	2,983	……	1,969
木炭	6,397,270 斤	56,933	7,696,333	63,322
石炭	1,283,207 吨	7,127,612	1,521,933	8,040,474
铁道枕木	309,361 石	410,392	373,177	721,533
其他诸木材	……	217,813	……	419,977
鞄	36,311 个	44,944	31,747	61,243
牙粉	36,619 打	18,792	51,396	26,606
钟表	41,923 个	124,339	71,980	214,023
织布机	……	244,632	……	243,413
扇	410,497	28,090	430,386	28,408
玻璃器	……	165,830	……	158,697
漆器	……	102,421	……	71,507
陶磁器	……	220,874	……	242,727
七宝器	……	15,142	……	10,549

续表三：

货品＼年次	明治三十五年		明治三十六年	
	数量	价额	数量	价额
学术用具	……	42,988	……	68,691
文具	……	41,518	……	71,773
洋砛	408,631	139,548	370,453	136,231
经木制草帽辫	15,921 束	3,405	12,329	3,615
麦杆制草帽辫	18,080 束	7,364	26,060	10,003
洋伞	1,356,848	648,272	1,520,920	802,956

中国以丝、茶著称，乃日本明治三十七年出口茶价一千二百七十六万六千二百七十圆，其中输入中国者六万三千二百三十七圆，产茶之国受其侵灌，而不自知。考日本现有茶田四万八千六百三十二町，岁产数量六百七十二万九千八百九贯，输出数量三千五百十三万七千六十一斤。又考历年输出之数：

明治元年至十年输出茶量	15,451,854 斤	价额	4,769,858 圆
明治十一年至二十一年输出茶量	29,480,799	价额	6,738,536

今日输出，视明治元年至十年惟倍，视十一年至二十一年增进百之一六。又考三十七年日本茶输出国别：

31,10,30

日本茶品输出之国

国别 \ 类别 / 量价别	绿茶		红茶		砖茶		粉茶	
	数量	价额	数量	价额	数量	价额	数量	价额
美	26,954,801斤	10,893,114圆	167,749斤	104,491圆	……斤	……圆	2,341,214斤	201,796圆
澳大利亚	20,905	4,703	……	……	……	……	……	……
加拿大	4,062,929	1,326,601	……	……	……	……	440,135	53,875
英领海峡殖民地	74,004	21,071	……	……	……	……	……	……
英	48,401	26,552	……	……	……	……	……	……
布哇	63,072	26,630	……	……	……	……	……	……
法	……	……	1,273	459	……	……	……	……
中国	21,661	7,280	……	……	……	……	414,130	30,130
香港	……	……	……	……	……	……	85,723	2,478
朝鲜	78,609	31,118	……	……	……	……	……	……
其他诸国	8,091	3,289	2,105	864	……	……	27,580	954
合计	31,232,487	12,340,358	171,127	105,814	……	……	3,308,782	289,233

输出之国北美最多

输出之国，北美最多，价至一千一百十九万九千四百一圆，当总额十分之八七零。而是年中国出口茶价总计三千零二十万一千九百六十四两，其输入美仅二十二万六千九石，平均价四百七十万三千七百三十四两，当总额十分之一五零。又考前十年，中日出口茶量及价额：

中国前十年 即光绪二十一年	输出 数量	186,568,000 斤	平均价	38,814,912 圆
日本前十年 即明治二十八年	输出 数量	38,826,695 斤	平均价	8,879,173 圆

其时，中茶输出之量六倍于日，今且不及五倍。以二十五倍之地，而超过者只此。且我日益退，人日益进，欲不至尽为所夺也，难矣。

日本丝，虽不致灌入中国，而去年输出欧美数量一千四百七十四万六千三百十九斤，价额九千四百三十三万四百三十圆。

31,10,30

日本丝绸输出国别

日本丝输出国别

国名	生丝		生皮苎		熨斗丝		共计数量	共计价额
	数量	价额	数量	价额	数量	价额		
加拿大	1,768斤	17,127	……	……	……	……	1,768	17,127
法	1,897,481	17,090,336	2,160,201	1,937,918	1,073,635	1,239,041	5,131,317	20,267,295
英	24,855	227,095	464,921	540,695	76,838	87,800	566,614	855,590
意	1,169,848	10,639,184	320,072	396,038	278,172	341,513	1,768,092	11,376,735
俄	2,115	19,107	……	……	……	……	2,115	19,107
瑞士	……	……	431,461	485,868	69,705	80,286	501,166	566,154
美	6,562,514	60,747,831	28,500	34,455	100,187	184,853	6,691,201	60,967,139
奥匈	……	……	175,379	140,274	10,325	13,679	185,704	153,953
英领印度	……	……	25,839	33,290	……	……	25,839	33,290
中国	……	……	23	31	……	……	23	31
香港	……	……	70,172	72,062	……	……	70,172	72,062
德	……	……	2,307	2,889	……	……	2,307	2,889
其他诸国	1	18	……	……	……	……	1	18
通计	9,658,582	88,740,698	3,678,875	3,643,510	1,608,862	1,947,172	14,946,319	94,331,390

中国蚕丝输出之数

输出之数，较前五年几倍，较明治元年九倍而强。而吾号为蚕国者，光绪三十年输出丝合计二十一万八千八十八石，价六千五百六十八万七千三百二两。

类　　别	数　　量	价　　额
白　　丝	34,224 石	19,581,790 两
黄　　丝	10,374	3,357,323
野　蚕　丝	33,527	9,861,668
机 器 缫 丝	47,287	28,526,115
蚕　　茧	11,015	945,685
乱　丝　头	66,781	3,014,202
檷　茧　壳	14,880	400,519

光绪三十年输出丝国别（据海关贸易册，其输出日本数，与日本农商务省统计表微有不符。）

31,10,30

中国蚕丝输出国别

国名	白丝	黄丝	经丝	机器丝	野蚕丝	蚕茧	乱丝头	乱蚕茧	乱丝棉	共计
英	1.259石	31	79	14	237	……	7,995	……	1	9,616
香港	3,546	153	……	34,521	2,111	3,544	26,095	……	49	70,019
印度	790	3,012	49	28	……	……	196	……	4	4,079
新加坡等处	39	7	……	……	……	……	……	……	……	46
加拿大	……	……	40	……	10	……	……	……	……	50
美	66	……	6,796	5,885	4,497	……	474	……	85	17,803
奥	……	……	……	……	……	……	970	299	……	1,269
比	……	……	……	……	……	……	71	……	……	71
缅甸	……	728	……	……	……	……	……	……	……	728
埃及	1,143	1,666	13	6	100	……	……	……	……	2,928
法	7,988	1,764	4,616	5,765	14,494	1,356	27,580	10,516	22	74,101
德	……	6	……	12	352	……	49	……	……	419

中国蚕丝输出国别

续表：

国名	白丝	黄丝	经丝	机器丝	野蚕丝	蚕茧	乱丝头	乱蚕茧	乱丝棉	共计
意	5,234	2,011	1,347	1,044	5,724	742	2,411	3,604	……	22,117
日本	41	……	5	7	1,456	4,527	181	221	……	6,438
朝鲜	……	……	……	……	……	……	2	……	……	8
澳门	371	……	……	……	3,614	844	487	……	……	5,316
墨西哥	72	5	……	……	……	……	……	……	……	77
俄	……	41	……	……	30	……	……	……	……	71
暹罗	1	3	……	……	……	……	……	……	……	4
西班牙	16	10	……	……	2	……	……	……	……	28
瑞士	312	6	……	……	489	2	270	79	……	1,158
亚洲土耳其	374	931	19	5	411	……	……	……	……	1,740
欧洲土耳其	8	……	……	……	……	……	……	……	……	8
计	21,260	10,374	12,964	47,287	33,527	11,015	66,781	14,719	161	218,088

31,10,30

输出丝价，与日本仅仅相若，而乱丝居十之六，其至美者，较日尤逊。例以日本五年增倍之数，他日美洲华丝恐将绝迹。日本蚕界发达，多由学校。考近年全国产茧额数：

近年日本产茧额数

	地方	春　蚕	夏　蚕	秋　蚕	茧量合计
本州中区	东　京	60,154 石	160 石	21,425 石	81,739 石
	神奈川	60,795	1,395	18,565	80,755
	崎　玉	162,445	4,817	48,246	215,508
	千　叶	47,157	3,830	17,553	68,540
	茨　城	61,748	6,126	29,233	97,107
	栃　木	32,819	3,782	10,616	47,217
	群　马	165,144	2,289	50,746	218,179
	长　野	162,694	127,521	131,812	422,027
	山　梨	63,020	3,504	32,325	98,849
	静　冈	57,938	6,679	14,369	78,986
	爱　知	63,045	29,922	29,906	122,873
	三　重	31,806	10,193	7,100	49,099
	岐　阜	78,095	24,039	29,634	131,768
	滋　贺	31,298	30,088	5,446	66,832
	福　井	18,345	9,347	180	27,872
	石　川	13,076	8,454	2,610	24,140
	富　山	9,451	3,172	288	12,911
	计	1,119,030	275,318	450,054	1,844,402

近年日本产茧额数

续表一：

	地方	春蚕	夏蚕	秋蚕	茧量合计
本州北区	新潟	39,195	5,527	3,575	48,299
	福岛	95,696	35,644	42,378	173,718
	宫城	40,116	3,217	7,836	51,169
	山形	71,636	3,401	4,849	79,886
	秋田	12,927	440	27	13,394
	岩手	25,385	2,664	854	28,903
	青森	2,722	377	22	3,121
	计	287,677	51,270	59,541	398,490
本州西区	京都	31,774	6,194	2,163	40,131
	大阪	1,962	670	80	2,712
	奈良	6,928	2,496	724	10,148
	和歌山	7,996	1,009	1,836	10,841
	兵库	29,968	4,347	403	44,718
	冈山	8,978	2,865	2,742	14,585
	广岛	5,704	387	1,094	7,185
	山口	5,824	1,024	3,093	9,941
	岛根	18,044	1,586	5,122	24,752
	鸟取	16,823	3,958	3,278	24,059
	计	144,001	24,536	20,535	189,072

31,10,30

续表二：

近年日本产茧额数

	地方	春　蚕	夏　蚕	秋　蚕	茧量合计
四国区	德　岛	7,271	2,318	2,069	11,658
	香　川	1,886	153	226	2,265
	爱　媛	12,294	4,242	3,707	20,243
	高　知	15,425	5,658	4,624	25,707
	计	36,876	12,371	10,626	59,873
九州区	长　崎	1,794	614	273	2,681
	佐　贺	3,942	2,357	663	6,962
	福　冈	5,724	924	332	6,980
	熊　本	18,962	3,533	7,642	30,137
	大　分	11,367	3,351	2,343	17,061
	宫　崎	9,682	1,983	2,074	13,739
	鹿儿岛	8,817	1,803	1,717	12,337
	计	60,288	14,565	15,044	89,897
	冲　绳	155	2	……	157
	北海道	4,358	833	……	5,191
	合　计	1,652,385	378,895	555,800	2,587,082
明治三十五年		1,774,936	359,772	414,516	2,549,224
明治三十四年		1,798,672	345,617	381,892	2,526,181
明治三十三年		2,029,806	377,466	346,631	2,753,903
明治三十二年		1,819,936	372,142	320,484	2,512,562
明治三十一年		1,504,351	301,393	221,595	2,027,339

中区产茧一百八十四万四千四百二石，占全题十之七强。盖其地在北纬三十四至三十六度之间，于蚕事为宜。中国起北纬十八度至五十三度。峰村喜藏言：日本饲蚕不如中国者三：一、江浙气候温和，昼夜温度变更甚少。日岛国，中央多山，各地气候易变。二、中国桑树极易发育，日多霜害。三、中国工价较贱于日。其不如日者，只蛆蝇较多。乃民间饲蚕，只知祈祷，不知研究，固无怪其进此之少也。

日本饲蚕不如中国者有三

日本养蚕制丝与全国人口比例表

事项	户数	对于全国人口之比例
养蚕	1,445,220 户	百分之三
制种	17,406	万分之四
制丝	402,501	百分之一

日人所饲种，十之三为我国产，且浙江为多。

号数	产地	原名
五号	浙江绍兴会稽	……
六号	浙江杭州余杭	大圆头
十号	四川	……
二十号	浙江	新长
二十一号	浙江	新圆
二十四号	浙江	
二十五号	浙江	……

31,10,30

号　　数	产　　地	原　　名
二十八号	浙　　江	……
二十九号	浙　　江	诸　　桂
三十二号	浙　　江	……
合计十种		

我有蚕种，自饲不能发育，转而入日，人知讲求，我无考验故也。据松永伍作氏考验中国现时所育之蚕种：

病毒最多	18	
病毒稍多	47	
病毒较少	16	合计一百毒种得百分之八十
无　　毒	19	

今欲制无毒蚕种，非有专门学校不可。而吾国初仅浙江二处，前此毕业者只六十人。近山东、四川、江南、福建以及河南陆续建设，合计不过六七所。日地当我一大行省，而公私建立之专门蚕校十二处，其附属农学校者尚四十余处，优劣较然。兹复历考而比较之： 无毒蚕种

中日春蚕气候平均比较表

国别	温　　度		温　　度		雨　　量	
	三　月	四　月	三　月	四　月	三　月	四　月
中国	57.2	66.4	71	74	132.0	122.0
日本	54.5	61.7	76	78	122.0	155.0

中日春夏蚕温湿度比较

中日温湿度详细比较表

春 蚕

地别 温湿度 蚕龄		日本东京	中国杭州	中国武昌	日本东京	中国杭州	中国武昌
		室内外温度			室内外温度		
一龄	内	699	715	685	737	779	791
	外	638	651	607	755	651	821
二龄	内	687	718	651	730	773	819
	外	624	641	594	767	641	885
三龄	内	713	732	686	748	825	876
	外	639	700	672	797	700	806
四龄	内	700	709	708	807	834	860
	外	661	657	705	804	657	802
五龄	内	687	723	700	808	822	851
	外	651	682	698	803	682	771
平均	内	697	719	686	766	807	839
	外	643	667	655	785	667	817

夏 蚕

地别 温湿度 蚕龄		日本东京	中国杭州	中国武昌	日本东京	中国杭州	中国武昌
		室内外温度			室内外温度		
一龄	内	755	772	751	830	843	867
	外	733	778	773	844	737	813
二龄	内	747	746	776	868	864	905
	外	713	738	794	897	848	837

31,10,30

续表：

蚕龄＼温湿度＼地别		日本东京	中国杭州	中国武昌	日本东京	中国杭州	中国武昌
		室内外温度			室内外温度		
三龄	内	733	745	768	866	871	859
	外	702	762	803	877	793	835
四龄	内	745	759	791	865	904	932
	外	710	760	806	820	814	898
五龄	内	773	775	773	844	897	865
	外	755	784	785	850	845	796
平均	内	751	759	772	855	876	886
	外	723	764	792	878	807	836

中日春夏蚕温度，大概室内高于室外，惟杭州、武昌饲育夏蚕，则室内低于室外，此由外温太高之故。至湿度，在日本大概室外高于室内，而中国则室内高于室外。盖日本构造家屋距地较远，而又隔以木板，多开窗槅，使通空气，非吾国所能及。

成茧比较

每蚁一钱饲育成茧比较表

国别	饲育平均日数	平均给桑量	平均收茧量	
			学堂	民户
中国	31日,16时	57,095两	20至25斤	10至15斤
日本	34,20	65,562	20至25斤	20至25斤

每茧百分比较表

国别	同功茧	屑茧	茧绵	上茧	合计
中国	8.62	2.90	5.12	83.36	100
日本	10.65	6.78	……	82.57	100

缫丝比较

每茧一升缫丝比较表

种别＼标目	一升茧数	煮茧温度	同时间	缫丝时间	一绪颗数	缫丝难易	茧量	丝量		扬茧数		蛹量	消耗量
								佳丝	屑丝	厚	薄		
浙江诸桂	174	90	7分	1时48	5	最易	282两	9.6	0.9	3	/	15.4	2.3
江苏桂圆	268	90	12	3时08	5	易	29.5	9.8	0.6	4	/	14.3	3.2
日本青熟	232	98	6	2时30	5	最易	35.0	11.8	0.5	6	/	18.3	2.8
日本小矶	269	90	6	3时45	6	最难	36.6	10.2	1.9	/	/	16.4	6.1

31,10,30

每茧一颗丝质比较表

标目 种别	丝长			对百回纤度			对四百回转	
	最长	最短	平均	最大	最细	平均	颣节	切断
浙江诸桂	900 回	547 回	669 回	41.2 瓦	30.8 瓦	35.5 瓦	26 个	0
江苏桂圆	617	411	523	39.8	21.1	27.5	4	0
日本青熟	556	400	486	45.0	34.5	41.4	29	0
日本小石丸	600	374	473	43.2	28.8	36.4	17	0

丝质比较

桑叶比较表（中国鲁桑与日本赤梢、振袖、早桑、青庄桑、太大和五种，经东京蚕业请习所坪井技师，于光绪廿九年分析计干叶百分中之成分）：

桑叶比较

标　　目	日本桑叶	中国桑叶	中国柘叶
粗蛋白质	42. 40	26. 94	21. 25
纯蛋白质	31. 75	24. 63	18. 44
脂肪	5. 61	6. 74	8. 38
纤维	11. 40	8. 21	9. 21
可溶无窒素物	32. 62	44. 93	47. 55
灰分	7. 97	13. 28	13. 61
全窒素	6. 78	4. 31	3. 40
蛋白质窒素	5. 08	3. 94	2. 95
非蛋白质窒素	1. 70	0. 37	0. 45

据分析成绩，中国桑之蛋白质、纤维质均较少于日，惟可溶无窒素物较多。纤维为蚕体营养所必需，此质较逊于饲育成绩必有关系。故日本全国桑田五百馀万亩，而中

国鲁桑向所称为上品者，仅一二试验场有之，馀皆本种，自馀若草帽辫，若陶磁器，向为我国所擅，今考光绪二十九三十年中日输出价额：

	光绪二十九年		光绪三十年	
	草帽辫	陶磁器	草帽辫	陶磁器
中　国	4,127,206 两	2,203,713 两	4,502,820 两	1,663,921 两
日　本	3,789,062 元	3,169,008 元	5,165,611 元	3,873,021 元

输出价额中退日进

据此可见，中退而日进，我一切听民自为，彼日讨国人，朝夕申儆，教以通商惠工之道，甲起而乙仆，理有必至，势有固然，无足怪者。其他若纸，若文具，彼所输入于我者，较前皆倍增；而我之输入彼国者，十九皆生料也，虽多，亦奚以为？况日以加少哉！

中央幼年学校

十一月一日　晨，雨。八时四十分，至牛込区中央幼年学校。校长步兵中佐竹内武，导观各讲室一周。此校为武备专门，而所授课目，自兵操、图画、数学、测量外兼理化、博物诸科。生徒整肃，非他校可比。学期：预科三年，本科二年，毕业后，方入联队，振武逊此远矣。

帝国大学

二日　晨，八时四十五分，至帝国大学。由庶务员榎本胜多导入医科，见解剖尸四具，死未数日。又至生理学室，历观诸仪器及显微镜之属，凡人心力震动之强弱，与肺气大小、脑量之盈虚，一一皆可测验。又至工科，观建筑学室，自木材、瓦石皆有标本。又观机械模型室、采矿冶金模型室，凡矿厂所用之器，无一不备。全校生徒四千八十九，隶中籍者四，印度六，高丽三，菲律宾一。分

31,11,2

科六：

科目表

法科	法律学	政治学		
医科	药　学	药　学		
工科	土木工学 建筑学	机械工学 应用化学	舶用机关学 火　药　学	造船学　造兵学　电气工学　采矿及冶金学
文科	哲　学	史　学	文　学	
理科	数　学 地质学	物理学	实验物理学	化学　动物学　植物学
农科	农学实习	农艺化学	林学实习	兽医学实习　别设于茬原郡

自创设以来，三十五年中，卒业生徒都凡六千六百八十八。考其卒业后状况，如下表：

毕业之后任职状况

类别＼科别	法科	医科	工科	文科	理科	农科	计
行政官吏	437	2	2	26	……	10	477
司法官吏	407	……	……	……	……	……	407
宫内省	……	……	3	……	……	/	4
学校职员教员	71	130	131	490	199	130	1.151
官署技术员	……	41	531	……	49	153	874
官署地方病院医员	……	422	……	……	……	……	422

续表：

毕业之后任职状况

类别＼科别	法科	医科	工科	文科	理科	农科	计
官署兽医	……	……	……	……	……	34	34
贵众两院议员	14	/	/	4	/	/	22
辩护士	121	……	……	……	……	……	121
医料开业者	……	221	……	……	……	……	221
兽医开业者	……	……	……	……	……	7	7
民间技术员	……	……	529	……	29	14	572
银行会社员	236	9	2	5	2	4	258
应外国政府及会社聘者	……	……	19	2	2	9	32
诸种业	45	……	42	19	/	11	118
大学院学生	329	59	84	81	44	20	617
海外留学生	14	40	32	16	7	9	118
分科大学研究生	……	……	……	23	3	……	26
分科大学学生	……	……	……	/	……	……	/
服兵役者	……	……	17	3	4	2	26
职业未定及不详	193	28	40	55	60	20	396
死亡	107	114	81	43	41	54	440
合计	1,974	1,067	1,514	768	442	579	6,344

由此观之，自死亡与职业未定者不计外，计为国家擢用者居其半，而学校职员教员六之一，民间任用亦六之一，受聘他国者千分之五。吾国留学界日见增进，在欧美

31,11,2

者一百九十六人，在日者八千人，岁计卒业十之一，较此不逮远甚，无惑乎人材之不给于用也。况同一卒业，而程度不齐，除欧美三十四人由大学高等卒业外，东邦大学，吾国目前颇乏卒业之人，思之悚仄。因考日本全国学校与其费用，分别为表：

日本学校

日本全国学校表

校　名	校数	教员	生徒	卒业人数
幼稚园	264	730	24,259	……
寻常小学校	18,871	109,118	4,134,711	……
高等小学校	1,639		1,000,776	……
盲哑学校	19	101	盲生 509 哑生 554	96
师范学校	57	1,031	19,194	9,384
中学校	257	4,681	94,696	11,179
高等女学校	80	1,173	31,523	4,809
专门学校	12	1,203	16,960	2,183
农业学校蚕业附	103	801	10,183	2,518
工业学校	28	397	3,450	605
商业学校	51	726	11,370	1,682
商船学校	7	51	715	93
徒弟学校	223	2,163	28,995	5,351
农业补习学校	480	321	21,970	1,701
水产补习学校	23	39	963	103
工业补习学校	44	118	3,174	655
商业补习学校	82	138	4,880	501
各种学校	1,657	5,546	106,169	22,118
合　计	23,897	128,337	5,505,051	62,978

各级学校费用支出

府县市町村公学支出表(圆)

费目	小学校	幼稚园	盲哑学校	师范学校	中学校	高等女学校	专门学校	实业学校	各种学校	图书馆	其他	合计
校长园长馆长俸给	…	335	696	…	204,786	47,348	8,372	146,158	1,830	1,290	…	410,815
正教员俸给	11,554,525	…	2,472	593,918	1,221,010	233,481	60,911	655,030	9541	…	…	14,330,888
其他教员俸给	4,636,131	…	722	70,926	625,124	69,179	9,308	87,886	10,014	…	…	5,509,280
保姆俸给	13,866	44,756	…	1,592	…	813	…	…	…	…	…	61,027
舍监俸给	…	…	…	…	31,591	2,510	…	4,307	…	…	…	38,408
书记俸给	…	…	…	41,405	105,233	21,025	7,167	44,354	480	2,311	…	221,975
旅费	383,302	367	70	33,584	85,886	15,842	1,458	52,199	249	237	4,182	577,376
杂给	1,225,438	12,045	1,017	92,959	198,717	37,977	30,314	137,446	1,812	2,537	47,864	1,778,126
生徒给费	72,436	56	…	1,073,839	2,440	7,324	…	15,127	2,555	…	42,820	1,216,597
借地费	292,510	1,707	…	10,397	13,386	5,949	…	23,950	547	280	189	348,915
图昼器械标本费	984,716	2,668	435	88,858	242,059	54,972	16,447	252,814	1,217	12,583	739	1,657,508
器具费	994,299	4,013	146	132,077	175,646	62,138	6,488	105,200	1,635	1,694	768	1,484,104
消耗品费	1,383,574	7,949	422	74,825	117,315	26,037	14,210	132,876	2,579	1,449	3,901	1,765,137
新营费	7,225,698	18,367	…	475,230	1,451,326	858,525	4,162	851,056	…	3,802	…	10,888,066
修缮费	1,038,066	3,434	324	66,510	99,043	21,414	4,988	41,105	896	652	183	1,277,615
其他诸费	1,708,044	8,724	840	89,541	166,464	26,217	33,471	155,596	1,916	1,787	728,935	2,921,535
合计	31,502,605	104,321	7,144	2,845,651	4,740,026	1,490,751	19,296	2,706,104	35,271	28,622	829,581	44,487,372

31,11,2

各级学校收入状况

府县市町村公学收入表（圆）

种别	小学校	幼稚园	盲哑学校	师范学校	中学校	高等女学校	专门学校	实业学校	各种学校	图书馆	其他	合计
学费	3,227,605	…	423	37,600	1,018,326	171,085	38,300	153,199	13,079	…	…	4,659,617
保育费	24,875	34,666	…	1,257	…	816	…	…	…	…	…	61,614
寄附金	1,465,209	1,466	68	…	56,039	26,566	…	47,024	150	418	1,669	1,598,829
基本财产收入	485,592	50	3,816	196	16,033	…	…	3,509	110	…	…	509,306
杂收入	826,976	187	25	15,887	15,702	2,887	110,444	64,961	24	538	34,840	1,072,471
国库补助	3,641	…	…	…	…	…	…	268,251	…	…	175	272,067
合计	6,033,898	36,369	4,552	54,940	1,106,100	201,354	148,744	536,944	13,363	956	36,684	8,173,904

日以二万七千二百九十四方里之地，而有学校二万三千八百九十八，生徒五百五十万五千五十一人，教员十二万八千三百三十七人。岁费四千四百四十八万七千三百七十圆，收入学费四百七十二万一千二百三十一圆，国库补助二十七万二千零六十七圆，馀皆地方担任，可谓不遗馀力矣。

东京府属

三日　午前，九时，至东京府。府分三部，每部置一长，俱府属，分任事务，与县同。府知事，岁俸四千圆；各部长，自一千四百圆至二千四百圆不等，皆久任。东京市议院，与府毗连，合十五区四郡，额举五十四人。经常会，岁一次。会时，知事以下，得旁坐听。旋，观度量衡检查所。民制度量衡器，必送检，始售。全国一致，不仅东京为然。检费有定额。

度量衡检查所

度制三			
曲尺　较英尺长五厘		均须检定	
鲸尺　较英尺长一寸九分四厘弱			
女子学校尺　较英尺短一寸四分四厘		无庸检定	
	竹木牙骨革布制者	金制者	
一尺以下	五分		
三尺以下	一钱	二钱五分	
六尺以下鲸尺	四钱		
量	木制者		
二合五勺以下	一钱至六钱	三钱至八钱	
衡制三			

31,11,3

续表：

一厘以下天秤	五十钱至百钱		
五十贯以下台秤			
二贯以下杆秤	八钱至二十钱		
日一钱合中国制钱十，日十钱即中国一角，惟中国银价有涨落，日无涨落。			

又观卫生试验所，以化学法考验水质，又以显微镜视察微菌，至为精密。午后，二时，至新宿净水池。池凡十八，蓄水四千五百五十四万立方尺，每一时间流出一百八十万立方尺，平均每人每日用水四立方尺，足供东京一日之用而有馀。池水深三尺，沙六千。每三池置一洗沙场，以备换用。水源引自多摩川，先入沉淀池，然后入净水池沙滤一过，再入总池。雨时，水源多浊，则导入机室，加矾七十万分之一以澄之。地较东京高一百二十六尺，故水力甚足。未净之水，一立方尺中，细菌一千至五千；既净之水，平均不过四五十。用水之家，每人岁一圆，合计岁收四十五万圆，支出岁需二十万圆，赢馀不为不厚。惟是创设之初，费八百五十万圆，自开办至今，以之弥补，尚有不足。合东京府二百五十三万二千馀人，现计用水人数，仅得六分之一。若全体皆饮此水，则获利不赀矣。是日，导观者工程师小林辛太郎，专门土木科卒业生也。

卫生检查所

新宿净水池

四日　晨，九时，赴小石川区植物园，撮影。午后，归寓。

五日　晨，八时，至浅草第一高等女学校，观体操、音乐诸教科。校为东京府立，岁支一万五千三百五十九圆，收入费费等九千九百九十二圆。校长加藤贞寿为言：

私立女校

全国女学校九十，在东京者，官立一所，府立三所，私立三所，皆中学程度。女子大学亦私立。专门学科四：曰国文、英文、教育、家政。又言：日本所授家政，较欧西复杂，以育儿一科为最重，成人之基，自家庭教育始。午后，一时，京桥区役所区长长谷寿太郎、庶务长内川义章，缕晰指陈。全所分六挂，役员一百二十，各有专责。略记之如下表：

京桥区役所机构设置

<table>
<tr><td rowspan="7">庶务挂</td><td>议员选举</td></tr>
<tr><td>社寺</td></tr>
<tr><td>市区改正</td></tr>
<tr><td>土木</td></tr>
<tr><td>救护</td></tr>
<tr><td>愿届书（自愿结婚者）</td></tr>
<tr><td>类代书（代人书写者）</td></tr>
<tr><td rowspan="9">户籍挂</td><td>身份及户籍</td></tr>
<tr><td>埋葬认许证</td></tr>
<tr><td>謄本抄本诸证明</td></tr>
<tr><td>公簿阅览</td></tr>
<tr><td>印鉴（每人送一图记为据）</td></tr>
<tr><td>改名</td></tr>
<tr><td>寄留诸照合</td></tr>
<tr><td>愿届书</td></tr>
<tr><td>类代书</td></tr>
</table>

31,11,5

续表：

税务挂	所得税
	地租税
	营业税
	家屋税
	商工业税
	艺妓税
	船车税
	料理屋及饮食店税
	汤屋税
	理发人税
	畜犬税
	相扑税
	俳优税
	游艺稼人税
	水道河岸地市有地各税

兵事挂	征发
	征兵
	陆海军恩给并扶助费
	关于出征军人之件

卫生挂	防疫
	保健

出纳挂	区费
	学校费
	市员保证金
	召集旅舍

区长月俸四百圆，其他役员平均二十圆以上。日自九时起，四时止，错坐一室，其中缮者、算者、核者、收支者，各事其事，喧嚣杂沓，应接不暇。而区长巍然踞其一偏，若塞聪蔽明，无能逃其视察。此为行政机关之要点，与吾州县相若。据言，维新以后，清厘户籍，五六载未得要领。迨明治三十一年，始大备。阅所为册，自初生时即呈报，旁及其父母姊弟，一无遗者。自后征兵、收税，悉

以此册为据。惟税则繁重，施之吾国，非民所堪。自区税、市税、府税，以至国税，依其预算之额，层递加收。兹考其三十七年征额：

府税征额

三十七年府税征额表

税目	数别	年月别	税额
商业	每个	每年	二钱（合制钱二十，馀仿此）
卖药	每方	同	四钱
行商	鉴扎一枚（木牌烙印名鉴扎）	同	十钱
工业	每个	同	二钱
料理屋	每间	同	二钱石
待合茶屋	同	同	同
游船宿	每个	同	同
芝居茶屋（戏场）		每日	八钱
饮食店	同	每年	二钱五
理发人从业者一人加五十钱	每人	同	一圆
雇人受宿	同	同	同
游艺师匠	一等	每月	一圆
同	二等	同	五十钱
同	三等	同	十钱
游艺稼人	一等	同	二圆

31,11,5

府税征额

续表一：

税　目	数　别	年　月　别	税　额
同	二等	同	一圆
同	三等	同	三十五钱
相扑(角抵)	一等	每年	二十圆
同	二等	同	十圆
同	三等	同	五圆
同	四等	同	一圆五十钱
汤屋(浴池)	每间	同	二钱
俳优	一等	同	一百八十圆
同	二等	同	一百四十圆
同	三等	同	一百圆
同	四等	同	六十圆
同	五等	同	三十圆
同	六等	同	十五圆
同	七等	同	七圆
同	八等	同	三圆
同	九等	同	一圆五钱
帮闲	一等	每月	二圆
同	二等	同	一圆
艺妓	一等	同	四圆
同	二等	同	三圆
小艺妓	每人	同	二圆
大根河岸青物市场	(大根萝葡名)	同	一百七十圆

续表二：

府税征额

税　目	数　别	年　月　别	税　额
大剧场	二百坪以上	同	百分之四
兴行建物（猿戏犬戏类场名）	每坪	每日	六厘
建物同上	上行高（利益金）		百分之七
玉突场（球场）	每台	每月	一圆五十钱
游戏场		同	八十钱
人寄席（说书场）	每个	每年	三钱
船税	二间未满	同	四十钱
同	三间未满	同	一圆
同	三间	同	一圆五十钱
自用马车	二匹以上 一匹	同	三十圆 二十圆
营业马车	三匹以上 一匹	同	十二圆 八圆
荷积牛马车		同	六圆
自用人力车	一人 二人	同	三圆 五圆
营业人力车		同	二圆
荷积大车		同	二钱
同小车		同	一圆二十钱
海带	每百坪	同	一圆四十钱
同一二三等	同	同	一圆十钱 八十圆

31,11,5

续表三：

府税征额

税 目	数 别	年 月 别	税 额
自转车		同	二圆
日本船 五十石以上	每石	每年	二钱五
西洋船	每吨	同	一圆
风帆及他船	同	同	十五钱
狩猎		同	十分之一
畜犬	每头	同	一圆
地租割	每地租一圆	同	三十钱
营业税附加税		同	十之一五
家屋税	每间	同	一钱六

三十七年市税征额表

市税征额

地租附加			五分之二
家屋附加		每年	每一圆三钱
国税营业附加			百分之一四
府税营业税附加			百分之二十
府杂税附加			同

三十七年市区改特别税征额表

特别税额

地租割	十分之五
家屋割	十分之一八七五
营 业	十分之一
府税营业税	十分之一
府税杂种税	同
国税营业割	同

三十七年区税征额表

营业割	百分之一
家屋割	百分之一
所得税	百分之一

三十七年东京市特别税征额表

东京市特别税征额

日本船五十石以上	每石	每年	一钱五
汽船及达摩船(达摩圆船名)	每吨	同	十钱
西洋式帆船	同	同	八钱
西洋机械及客船	同	同	一圆
荷积马车牛车	四轮 二轮	同	十圆 八圆
荷积大车 荷积小车		同	三圆 一圆
营业及自用马车 营业及铁道马车	二头 一头	同	三十圆 二十圆
自用人力车	二人 一人	同	六圆 四圆
自转车		同	三圆

诸税由会员决议后，即可举行。出私人之资，而益公家之用，官无筹费之名，得因名之利以治民之事，是则议会之效也。又考三十七年日本岁出入全数：

三十七年经常岁入表

地　租	60,998,186 圆
所得税	13,406,347

31,11,5

续表一：

年收入表

营业税	12,230,240 圆
酒　税	62,353,556
冲绳县酒类出港税	178,148
酱油税	4,541,981
砂糖税	14,444,882
卖药营业税	123,142
矿业税	874,472
取引所税	1,377,862
兑换银行发行税	1,104,474
顿　税	361,647
关　税	18,668,813
毛织物消费税	2,138,661
石油消费税	1,238,599
印纸收入	17,518,448
邮便电信收入	25,220,383
森林收入	2,973,888
囚徒工钱及制作收入	1,268,456
官有物贷入	261,967
铁道益金	9,207,351
北海道铁道收入	829,887
印刷局益金	161,639
专卖局益金	21,072,297

续表二：

年收入表

东京炮兵工厂益金	2,061 圆
千住制绒所益金	3,074
电信灯台用品制造所益金	1,528
海军造船兵诸收入	29,714,694
免许及手数料	94,198
惩罚及没收金	786,571
税关杂收入	181,976
冲绳县地方收入	5,839
小笠原岛地方收入	408
杂收入	954,514
预金利入	3,309,805
台湾事业公债金	1,432,577
教育基金收入	500,000
合　计	309,542,571

三十七年临时岁入表

合　计	12,229,994 圆
总　计	321,772,565

三十七年经常岁出表

年支出表

皇室费	3,000,000 圆
外务省俸给费	110,206
佣外国人费	10,000
电信费	40,000

31,11,5

年支出表

续表一：

宴会费	5,000 圆
右外国官俸给等费	1,632,989
佣外国人费	25,056
电信费	71,374
宴会费	54,530
外国留学生费	16,439
机密费	200,000
在外国居留民取缔费	112,643
在外国难民贷与金	112
神宫费	50,000
神社费	221,788
国币社例祭币帛料	1,690
内务省俸给等费	294,481
万国版权保护同盟费分担金	2,394
卫生试验所俸给等费	144,237
血清药院俸给诸费	66,159
疫苗制造所诸费	45,560
传染病研究所费	47,365
土木监督所诸费	61,790
警视厅俸给诸费	231,065
警视厅机密费	9,000
地方费	285,829

续表二：

年支出表

北海道官设铁道费	951,136 圆
古社寺保存补助费	150,000
大藏省俸给等费	251,293
公债尝本利	41,219,181
赏勋年金	972,732
文官恩给	1,624,823
军人恩给	2,982,819
学校职员恩给	88,338
冲绳县诸禄	141,477
外国人恩给	29,550
特别年金	300
内阁俸给诸费	176,926
内阁机密费	50,000
枢密院俸给等	132,392
贵族院议员	516,688
贵族院俸给等	69,328
众议院议员	782,463
众议院俸给等	77,645
会议检查院俸给等	171,908
行政裁判所俸给等	45,098
税关俸给等	677,832
税关机密费	2,667

31,11,5

续表三：

年支出表

内国税征收费	3,679,878 圆
文官试验费	3,477
文官惩戒诸费	862
国资运用费	791,854
诸务缺损补填金	1,529,552
制烟草输出交付金	290,841
国库预备金	3,000,000
横滨港维持费	115,328
陆军省本省俸给诸费	238,272
陆军省军事费	36,330,604
陆军省机密费	116,600
宪兵费	543,063
宪兵机密费	26,434
屯田兵费	8,850
靖国神社寄附金	7,550
海军省俸给诸费	157,030
海军省军事费	21,622,922
海军省机密费	38,000
司法省俸给等	122,286
裁判所俸给等	4,817,076
裁所判机密费	4,440
监狱诸费	5,253,250

续表四：

年支出表

文部省俸给等	135,709 圆
高等教育会议费	2,436
学校卫生取调费	538
编书费	14,820
教员免许及检定费	7,787
帝国学士院费	1,886
学生费	255,614
万国测地学协会费	2,868
高等大学预科试验费	5,808
震灾预防调查费	25,252
测地学会诸费	9,424
中央气象台诸费	41,398
纬度观测所诸费	6,034
诸学校及图书馆支出金	2,525,334
府县立师范学校长俸给	62,341
普通教育费	1,500,000
实业教育奖励费	320,000
医术药剂师试验费	74,016
农商务省俸给费	304,626
万国度量衡会费	2,781
度量衡原器费	20,025
地质调查及制图费	21,914

31,11,5

年支出表

续表五:

调查及试验费	15,805 圆
农商务本省商品陈列馆费	15,383
林区署俸给等	1,149,127
矿山监督署俸给等	156,789
农事试验场俸给等	123,967
水产讲习所俸给等	70,579
蚕业广习所俸给等	100,951
生丝检查所诸费	53,859
蚕种检查费补助	116,095
马匹改良诸费	273,349
种牡马检查费	10,721
种牛改良诸费	67,312
工业试验所俸给等	30,331
输入兽类检查费	17,072
肥料检查费	38,498
补助各费	282,200
递信省本省俸给等	137,101
递信诸费	19,049,673
航路标识事业费	306,562
船舶海员俸给等	160,273
商船学校俸给等	118,052
商船学校学生费	29,149

续表六：

商船学校外国留学生费	6,939 圆
商船海上练习费	16,209
邮便电信学校俸给等	69,908
合　计	171,736,914

三十七年临时岁出表

合　计	161,444,316 圆
总　计	333,181,230

岁入除战时税，计共二亿九千二百五万七千八百七十二圆，其中地租六千九十九万八千一百八十六圆。各税所收，其数惟倍。岁出三亿三千三百十八万一千二百三十圆，海陆军费近六千万，其他亦二亿馀万，而国之民无一怨者。以一国之财，治一国之事，仍散诸一国之民，非徒无害，盖又有利存焉。吾国岁入，视日本三之一，赋额所入仅十之四，而小民愀然，若不能终日，稍议加收，群起非难者，中饱之弊多，而国家支出之数，又未尝明示天下。不此之务，一有龃龉，举从前所议行，一切停罢之，致任事者束手而无措，举世乃务为形式之事，听其隳坏而不之问，欲以此强其国，难矣。

日本税费民无怨者中国赋收稍议加收群起非难

六日　午前，九时，复至京桥区筑地小学一观，并与校长篮野君，熟筹中国兴学之策。午后，四时，岩村成允君来。七时，篮野君来，俱谈良久，始去。

七日　晨，赴公使馆。午后，六时，井上诚一君至，自茂原邀共西餐。十时，归。

31,11,8

八日　至有明馆，与井上君笔谈，尽日。晚，八时，笹野君又来寓晤谈。

九日　井上君约至王子造纸厂，以雨阻，不果。午后，二时，送之返校，至电车，郑重而别。

十日　阴雨，未出门。

十一日　雨。

十二日　赴王子造纸厂，阅所造纸，悉以碎布原料加入木中之纤维质，以机械漉之，成纸甚速。

十三日　晨，赴荏原郡驹场，观农科大学。学中分科，曰农学，曰林学，曰兽医学。各学另设实科。共生徒五百十人，自开校至今，卒业者一千一百六人，计农学四百十九，林学三百零七，兽医三百八十。内隶中籍者，有叶基桢、罗会坦、屈德泽、路孝桢、王荣树五人，刻已返国。先至兽医标本室，又健体实习室，又解剖室、药室、蹄铁室、家畜病室。标本有牛胃中之毛球、肺膀胱中之石，皆陈列以待考证，其经营畜牧，即此可见一斑。然日本全国牛马不足三百万头，百户村落仅有牛马一头，一家仅种四五反步，畜牧不蕃，是亦农事之一缺憾也。兹查三十六七年畜产输出入价额：

农科大学

中国学生

	明治三十六年	三十七年
输入价额	7,324,198 圆	20,616,509 圆
输出价额	1,155,752	1,421,342
输入超过	6,168,445	19,185,166

三十七年输入价额，一跃而至三十六年之三倍弱，自

因俄战未已之故。复考其平时各地方畜产：

牛　1,275,382 头

马　1,515,373

羊　64,492

豚　213,417

据此观之，所畜牛马之数已不为多。而是年屠牛十九万六千九百九头，屠马四万七千八百七十五头，牛居百之十四，马居百之三。所生之数，不敌所杀之数，畜牧不蕃，宜哉。继至农艺化学室、害虫标本室、园艺模型室、机械陈列室。作物分油蜡料、嗜好科、染料科、禾谷科、饲料科、根菜科，以次陈列，即草帽辫一宗，多至十五种，日人于实业，纤悉不遗如此。其发端自明治维新后，其进步自甲午战胜后。尝考甲午以后，派查中国实业人员姓氏：

派查中国实业人员

所至地	调查物品	派遣年月	名　氏	在国职业
上海 杭州 湖州 南浔 苏州	蚕丝业	光绪二十五年	本多岩次郎	蚕业讲习所技师，农商务省委员
江苏 浙江 安徽	同上	同二十三年	松永伍作	同上
江苏 浙江	同上	同二十五年	中村利见	农商务省委员
同上	同上	同上	深泽利重	同上
同上	同上	同上	小田切 佑次郎	同上

31,11,13

派查中国实业人员

续表一：

浙江	同上	同二十七年	轰木 长	杭州蚕学馆教习
江苏 浙江	蚕丝杂货	同二十五年	藤田谕一	农商务省委员
长江一带	蚕丝织物农业	同上	吉川荣吉	同上
杭州府	䌷缎货币	同二十六年	阙 名	海外实业练习生
江苏 浙江	绢织物	同二十五年	小松久吉	农商务省委员
同上	同上	同上	伊藤半次郎	同上
上海一带	米及织物	同上	衣川内之助	同上
同上	织物	同上	小柴藤三郎	同上
同上	同上	同上	山内英太郎	同上
上海 天津一带	商业	同上	武内才吉	同上
同上	同上	同上	祖山钟三	同上
安徽一带	茶业	同上	横田 保	同上
江西一带	窑业	同上	藤江永吉	西京陶磁器试验所长农商务省委员
汉口一带	陶器	同上	加藤助三郎	农商务省委员
上海一带	实业	同上	西川太次郎	同上
同上	同上	同上	熊谷铨吉	同上
长江一带	烟草	同上	清水长次郎	同上

续表二：

派查中国实业人员

湖北一带	塞门德土	同上	盐田经助	同上
同上	同上	同上	内藤俊太郎	同上
镇江 安庆 南京 九 江 浙 川 厅 一带	漆器及漆液	同二十四年	六角注多郎	美术院漆工部主任
同上	同上	同上	初濑川健增	福岛县漆树栽培家
牛庄	纸类	同二十八年	田村忠一	海外实业练习生
同上	同上	同上	庄村秀雄	同上
广东 广西	汽船	同二十九年	肥田玄次郎	同上
旅顺青年洼	茶豆饼	同上	阿部野利恭	同上
牛庄营口	麻	同上	竹井国太郎	同上
同上	同上	同上	竹内德太郎	同上
杭州府宁波 绍兴定海镇海余姚一带	丝织物海产物矿产物漆器药材烟叶茶糖等类	同二十八年	稻石谦藏	同上
牛庄奉天	棉织类陶磁类海产物类豆饼豆	同上	庄村秀雄	同上
铁岭	洋布火柴豆饼烟草杂货	同上	同上	同上
长春府	棉织类铁类豆油及蓖蔴子油类	同上	同上	同上

31,11,14

续表三：

吉林	棉织类烟草砂糖皮类	同上	同上	同上
哈尔宾	石炭枕木铁类麦粉茶布糖酒	同上	同上	同上
梧州 肇庆 甘竹江门	棉织物海产物果类茶纸类	同二十八年	杉山常乔	同上

派往人员三十四，计查蚕丝者八，陶磁者二，绢织物者六，漆液者二，各商业者十八。蚕丝一业，先后五年间查至八次；织物六次。兢兢焉，恐彼之不胜；又兢兢焉，防我之或胜。名为视察，实则啖吾之利，而夺之不尽焉不止。惟争乃存，谅哉言欤！午后，归，岩村成允来谈。晚，七时，笹野丰美又来谈。

名为视察实则啖利

十四日　晨，笹野丰美来谈。午后，赴牛込区余君念祖寓，不值，归。

十五日　赴京桥区购物，雨，旋晴。

十六日　未出门。

十七日　晨赴公使署，商延武备教员事。晚，笹野君来谈。

十八日　午前，偕公使馆翻译官黄涤卿，赴陆军省，见本乡少将与炮兵大尉大野公造，议为豫省订延武备教习。午后，访三菱公司，盖将有生野矿山之行先期知会，并询途辙。

三菱公司

十九日　午前，京桥区役所书记内川义章，以区长命，来约晤谈。午后，二时，往见区长长谷川寿太郎，言拟于京桥设普通学校，专收中国生徒，以一年六阅月卒业。余意日本专为中人开设之校，往往以普通速成为名，其实所授者只日语一门，馀甚单简。吾国生徒艳其卒业之易，纷然而来，费烦于吾国，而学科未必过之。讽长谷君以学期宜长，课目宜增，考察宜严，彼不谓然也。日晡，赴岩村成允君处作别。晚，笹野、内川两君先后来谈。岩村君来，未晤，赠画一帧。

拟设学校专收中国生徒

二十日　午后，至新桥。六时，乘汽车行。

二十一日　午前，九时，抵神户，寓田中屋。午后，雨。

二十二日　午前，乘汽车西行，至姬路换车，至生野，寓对山馆，夜，雨。

生野矿山

二十三日　晨，赴生野矿山，见事务员山田市次郎、小林千秋。由制炼课长须藤辉德导观选矿所、汰矿所、碎矿所。矿石分五号，一、二、三号以人选，四、五号用器械。人选者多上矿，一号尤精，选后即可付炼。以器选者，先击使碎，再三淘汰，而后制炼。撞击以机，淘汰以盘，盘不一式，或圆，或方，高下衔接，时相动摇，泥滓先去，沉淀者，其青英也。凡盘二十，每盘日汰五、六吨。考其矿石成分：

番号	含金量	含银量	矿石一吨价额
第一	千分之一至千分之二	千分之二至千分之四	一千圆以上
第二	万分之二至万分之三	万分之七至千分之一	六百圆以上

续表：

第三	十万分之七至万分之一	万分之四至千分之六	三百圆以上
第四	十万分之二至十万分之四	十万分之十五至万分之二	六十圆以上
第五	百万分之八至十万分之一	十万分之八至万分之一	十圆以上

电气升降机

又观熔矿所、淀矿所、分析所。午后，易衣入坑。先入者为新坑，路荦确不易行。后入一坑，较前高大，行六百尺，观电气升降机，高下凡四百五十尺，每三分时升降一次。坑夫三班，每班四十五人，工资自三角至一圆不等。其每月出矿之数：

一号　五吨

二号　十吨

三号　三十五吨

四号　四十吨

五号　五十吨

公司有矿山五：曰金香濑山，曰加盛山，曰太盛山，曰若林山，曰中濑山。岁产金三千两，银七墩，铜八百墩。

山名	拔起海面	母岩	矿石主要	脉宽	层向	倾斜度
金香濑山	1,259 迈当	石英粗面岩	银　铜	三丈至四丈	南北走东	六十度
加盛山	1,289	闪绿岩 白斑片岩	银	三尺	西走东北	四十五度
太盛山	1,332	石英粗面岩	金　银	十丈	走西走北向	五十度
若林山	1,259	石英粗面岩 黄硫铁矿	银　铜	三尺	东西走北向	六十度
中濑山	600	粘板岩辉岩 蛇纹石	金　铜	二尺至 三尺	一东西 一东北西南	五十六度

生野矿地当北纬三十四度五十分至三十五度三十四分，面积二千五百六十九启罗迈当，周围三百六十二启罗迈当。自日本天武帝时，即以产银著称。明治初年，历延法矿师开采，并机械师、熔铁师以外人为之，岁薪甚费。十一年辞退自办，至今成效大著。二十七年以前，李文忠曾遣朱格仁来观，嗣后我国人亦时有至此者。今年，池贞铨与温秉仁特来考察，池自法国习矿学毕业，山田君甚称誉之。矿山长堀埗三郎出见，晤谈良久。归寓后，五时，附汽车返，抵神户，已十时矣。

辞退自办成效大著

二十四日　游神户市。

二十五日　晨，见日光照窗，气候颇冷。十一时，风作，忽雨。午后，晴。在寓无事，阅生野矿山记一册。

二十六日　晨，汪功甫、赵新三二君来谈，皆同郡之留学者，汪至自横滨。晚，文多三观察富至自东京，同寓一楼。

二十七日　午后，游商品陈列所，又农林馆，位置井井，物品多精美，而价较东京稍廉。四时，登诹访山，海天苍茫，轮舟三五，历历可数。以时暮，不及陟其颠顶，于山半草亭小憩，灯时，归寓。

二十八日　晨，闻德公司船抵港。午后，登舟，与召侯别。夜，十时，展轮。

二十九日　卯，起，观日出，旋为阴云所蔽，遂雨。午后，四时，过马关。夜，二时，抵长崎，泊焉。

十二月一日　晨，雨未止。午前，十一时，晴。午后，五时，展轮，入黄海，风浪较大，舟稍稍震动。

二日　晨，起，登船面，见日光照人，惟立足不稳。夜，一时，泊吴淞。

三日　午前，抵沪。

实业界之九十日

人名索引

五画

六画

七画

八画

实业界之九十日

译名简释

五画

布哇

夏威夷群岛

生的

“生的米突”之省，即厘米

兰领印度

印度尼西亚

六画

亚尔然丁

阿根廷

亚尔果尔水

酒精

迈当

米（公制长度单位）

同海峡殖民地

英国在 1826－1946 年间对马来半岛的三个重要港口新加坡、马六甲槟城及马来半岛各殖民地的管理建制

安的摩尼

锑

七画

启罗迈当

千米，公里

八画

英领印度

英殖民地，包括今印度、巴基斯坦、孟加拉国、缅甸等地

法领印度

亦称“佛领印度支那”，即法属印度支那，法国控制的法属中南半岛

九画

玻利非亚

玻利维亚

哪嘁

挪威

胆矾

五水硫酸铜

十一画

铜养硫养三

硫酸铜

十三画

塞门德土

华名红毛泥，即水泥

十五画

德律风

电话

暹罗

泰国

走向世界丛书一百种

初编三十五种以＊标出

谢清高 **海录**
＊ 容　闳 **西学东渐记**
＊ 林　鍼 **西海纪游草**
＊ 罗　森 **日本日记**
＊ 斌　椿 **乘槎笔记**
＊ 张德彝 **航海述奇**
＊ 王　韬 **漫游随录**
＊ 志　刚 **初使泰西记**
＊ 张德彝 **再述奇**（欧美环游记）
＊ 张德彝 **三述奇**（随使法国记）
王　芝 **海客日谈**
＊ 祁兆熙 **游美洲日记**
＊ 李　圭 **环游地球新录**
＊ 郭嵩焘 **伦敦与巴黎日记**
＊ 张德彝 **四述奇**（随使英俄记）
＊ 黎庶昌 **西洋杂志**
＊ 刘锡鸿 **英轺私记**
李凤苞 **使德日记**
钱德培 **欧游随笔**
＊ 何如璋 **使东述略及杂咏**
＊ 张斯桂 **使东诗录**
黄遵宪 **日本国志**
＊ 黄遵宪 **日本杂事诗**〔广注〕
陈兰彬 **使美纪略**
＊ 曾纪泽 **出使英法俄国日记**
＊ 王　韬 **扶桑游记**
＊ 徐建寅 **欧游杂录**
谭乾初 **古巴杂记**
王之春 **谈瀛录**
＊ 李筱圃 **日本纪游**
池仲佑 **西行日记**
蔡　钧 **出洋琐记**
袁祖志 **瀛海采问纪实**
张祖翼 **伦敦竹枝词**
王以宣 **法京纪事诗**
潘飞声 **西海纪行卷**
潘飞声 **柏林竹枝词**
潘飞声 **天外归槎录**
张荫桓 **三洲日记**
邹代钧 **西征纪程**
王咏霓 **道西斋日记**
张元济 **环游谈荟**
余思诒 **楼船日记**
缪祐孙 **俄游汇编**
张德彝 **五述奇**
＊ 傅云龙 **游历日本图经馀记**
傅云龙 **游历美加等国图经馀记**
洪　勋 **游历闻见录**
崔国因 **出使美日秘国日记**
＊ 薛福成 **出使英法义比四国日记**
＊ 薛福成 **出使日记续刻**
陈道华 **日京竹枝词**

严　修 **东游日记**
姚鹏图 **扶桑百八吟**
凤　凌 **游馀仅志**
* 黄庆澄 **东游日记**
吴宗濂 **随轺笔记**
宋育仁 **泰西各国采风记**
王之春 **使俄草**
伍廷芳 **美国视察记**
* 蔡尔康等 **李鸿章历聘欧美记**
张德彝 **六述奇**
刘学询 **考察商务日记**
黄　璟 **考察农务日记**
罗振玉 **扶桑两月记**
罗振玉 **扶桑再游记**
丁鸿臣 **东瀛阅操日记**
沈翊清 **东游日记**
* 梁启超 **新大陆游记**
张德彝 **八述奇**
载　振 **英轺日记**
吴汝纶 **东游丛录**
双　寿 **东瀛小识**
缪荃孙 **日游汇编**
周学熙 **东游日记**
* 单士厘 **癸卯旅行记**
凌文渊 **籥盦东游日记**
张　謇 **癸卯东游日记**
蒋　煦 **西游日记**
王景禧 **日游笔记**
陈　琪 **环游日记**
* 康有为 **意大利游记**
康有为 **德意志等国游记**
康有为 **英国游记**
* 康有为 **法兰西游记**
韩国钧 **实业界之九十日**
李濬之 **东隅琐记**
盛宣怀 **愚斋东游日记**
* 戴鸿慈 **出使九国日记**
金　鼎 **随同考察政治笔记**
* 载　泽 **考察政治日记**
程　淯 **丙午日本游记**
康有为 **西班牙等国游记**
杨泰阶 **东游日记**
文　恺 **东游日记**
左湘钟 **东游日记**
吕珮芬 **东瀛参观学校记**
* 林汝耀 **苏格兰游学指南**
* 单士厘 **归潜记**
金绍城 **十八国游记**
附 艾儒略 **职方外纪**
附 南怀仁 **坤舆图说**
附 丁韪良 **西学考略**
附 艾约瑟 **西学启蒙**

图书在版编目(CIP)数据

实业界之九十日/韩国钧著．—长沙：岳麓书社，2016.8
(走向世界丛书/钟叔河主编)
ISBN 978-7-5538-0525-2

Ⅰ.①实… Ⅱ.①韩… Ⅲ.①经济—考察报告—日本—近代
Ⅳ.①F131.394

中国版本图书馆 CIP 数据核字(2016)第 010779 号

SHIYEJIE ZHI JIUSHIRI

实业界之九十日

作　　者：韩国钧
校 点 者：伍成泉
责任编辑：杨云辉
责任校对：舒　舍
封面设计：吴颖辉　贺红梅

岳麓书社出版发行
地址：湖南省长沙市爱民路 47 号
直销电话：0731—88804152　88885616
邮编：410006
岳麓书社网址：www.yueluhistory.com

2016 年 8 月第 1 版第 1 次印刷
开本：890×1240　1/32
印张：7.125
字数：165 千字
印数：1—3 000
ISBN 978-7-5538-0525-2
定价：38.00 元

承印：长沙超峰印刷有限公司